Deutsches Museum

DIE FOTOGRAFEN
Fotografische Leitung: Hans-Joachim Becker, Deutsches Museum
Mitarbeiter: Hubert Czech, Reinhard Krause, Susanne Hochmuth, alle Deutsches Museum
Freier Mitarbeiter: Anton Brandl, München

DIE AUTOREN
Karl Allwang *ka*
Dr. Margareta Benz-Zauner *mbz*
Silke Berdux *sb*
Dr. Oskar Blumtritt *ob*
Dr. Alto Brachner *ab*
Jobst Broelmann *jb*
Dr. Dirk Bühler *db*
Lutz Engelskirchen *le*
Gerhard Filchner *gf*
Dr. Klaus Freymann *kf*
Dr. Wilhelm Füßl *wf*
Dr. Sabine Gerber *sg*
Christof Gießler *cg*
Dr. Winfrid Glocker *wg*
Dr. Bettina Gundler *bg*
Gerhard Hartl *gh*
Dr. Walter Hauser *wh*
Dr. Friedrich Heilbronner *fh*
Werner Heinzerling *wh*
Robert Heitmeier *rh*
Dr. Helmut Hilz *hh*
Sylvia Hladky *sh*
Dr. Cornelia Kemp *ck*
Dr. Günter Knerr *gk*
Dr. Matthias Knopp *mk*
Peter Kreuzeder *pk*
Dr. Eva Mayring *em*
Dr. Andrea Niehaus *an*
Dr. Annette Noschka-Roos *anr*
Dr. Hartmut Petzold *hp*
Ludwig Schletzbaum *ls*
Max Seeberger *ms*
Hans Straßl *hs*
Prof. Dr. Helmuth Trischler *ht*
Dr. Elisabeth Vaupel *ev*
Dr. Andrea Wegener *aw*

Der Freundes- und Förderkreis Deutsches Museum e.V.
hat die Drucklegung dieses Werkes ermöglicht.

Geniale Erfindungen und Meisterwerke

Deutsches Museum

aus Naturwissenschaft und Technik

Herausgegeben von
Wolf Peter Fehlhammer

Prestel
München · Berlin · London · New York

Die Deutsche Bibliothek verzeichnet diese Publikation in der Deutschen Nationalbibliografie;
detaillierte bibliografische Daten sind im Internet über http://dnb.ddb.de abrufbar

Prestel Verlag · Königinstraße 9 · D-80539 München
Tel. +49 (0)89 381709 0
Fax +49 (0)89 381709 35
info@prestel.de
www.prestel.de

Deutsches Museum
Museumsinsel 1
D-80538 München
www.deutsches-museum.de

Konzept und Realisation: Rolf Gutmann (Projektleitung), Jobst Broelmann,
Alto Brachner, Hans-Joachim Becker
Textredaktion: Birgit Heilbronner, Rolf Gutmann, Denise Menting
Bildbeschaffung: Margrit Prussat, Christiane Hennet
Gestaltung: Sonja Aldejohann und Linda Reiter

Verlagslektorat: Eckhard Hollmann, Claudia Bauer
Verlagsherstellung: Ulrike Schmidt
Reproduktion: ReproLine, München
Druck und Bindung: aprinta, Wemding

Printed in Germany

ISBN 3-7913-2816-6

Inhalt

Zum Geleit

Mit dem vorliegenden Jubiläumsband präsentiert sich das Deutsche Museum in all seinen Facetten, dem Reichtum seiner Sammlungen und Ausstellungen sowie der Vielfalt seiner Aktivitäten. Es konzentriert sich dabei auf das Bild als dokumentarische Quelle für Wissenschaft und Technik.

In den 100 Jahren seines Bestehens hat das 1903 von Oskar von Miller gegründete »Deutsche Museum von Meisterwerken der Naturwissenschaft und Technik« Aufbau, Zerstörung und Wiedererrichtung erlebt und erlitten. Es spiegelt die wechselvolle Geschichte des 20. Jahrhunderts, von der Wilhelminischen Ära über zwei Weltkriege und den Nationalsozialismus, die Teilung und Wiedervereinigung Deutschlands bis in die Informations- und Wissensgesellschaft unserer Zeit, geprägt durch einen rasanten technischen Fortschritt und die Globalisierung.

»Das Deutsche Museum ist gegründet auf dem Gedanken der hohen Bedeutung, welche die gegenseitige Durchdringung von Wissenschaft und Technik für die Kultur besitzt. Es soll weite Kreise mit den exakten Naturwissenschaften und der auf sie aufbauenden Technik vertraut machen. Ein vertieftes Verständnis für den erreichten Stand der Technik, der unsere heutigen Lebensformen weitgehend bestimmt, erwächst aus der Kenntnis der historischen Entwicklung und der frühen Anfänge, die spätere Errungenschaften erst möglich machen.«

Diese in einer Rede anlässlich der Eröffnung des Museumsbaus 1925 geäußerten Gedanken des großen Physikers Max Planck sind auch heute noch aktuell. Das Deutsche Museum möchte für seine vielen Besucher Informations- und Bildungsstätte sein, zugleich ein Ort höchst lebendiger Form der Wissensvermittlung, permanenter Debatten und geistigen Dialogs über alle Grenzen hinweg. Diesem hohen Ziel dient auch der vorliegende Band.

Der erst vor wenigen Jahren ins Leben gerufene »Freundes- und Förderkreis Deutsches Museum e.V.« unterstützt das Deutsche Museum materiell und ideell bei der Erfüllung seiner vielfältigen Aufgaben, die Mitglieder verstehen sich laut Satzung als seine Botschafter. So freuen wir uns sehr, mit der Finanzierung dieses Jubiläumsbandes in Deutsch und Englisch, national wie international einen wichtigen, kulturellen Beitrag leisten zu können. Möge die Lektüre zu einem visuellen Erlebnis werden sowie zu einer spannenden Vorbereitung auf den Besuch eines der bedeutendsten Technikmuseen und ihm weltweit zahlreiche weitere Freunde gewinnen.

Vielen von Ihnen mag die Fülle der Bilder und Darstellungen Erinnerung bedeuten, anderen seien sie eine erste Impression. Das Deutsche Museum kann man nicht umfassend beschreiben, man muss es sehen und – im wahrsten Sinne des Wortes – erleben und begreifen.

Christiane Kaske
Vorsitzende
Freundes- und Förderkreis
Deutsches Museum e.V.

Vorwort

Bilder über Bilder! Das »Jahrhundert des Auges« ist das 20. mal genannt worden, und das setzt sich im 21. wohl munter fort. Eilfertig versichern uns die Soziologen, Kunsthistoriker, Philosophen und Medienexperten, wir befänden uns »auf dem Weg zu« bzw. »lebten schon in« einer jener inflationären (Freizeit-, Informations-, Wissens- oder wie auch immer) Gesellschaften, hier natürlich: der Bildergesellschaft. Man kann das freilich noch sehr viel komplizierter ausdrücken. So durchleben nach Horst Bredekamp die industrialisierten Gesellschaften derzeit eine »Phase der copernicanischen Wende von der Dominanz der Sprache zur Hegemonie des Bildes«, auf die sie nicht vorbereitet sind. Irgendwie muss das Deutsche Museum die drohende Überforderung, sprich den »Anikonismus« seines Publikums geahnt und deswegen so lange gezögert haben, es Bilderfluten auszusetzen. In der Tat hat das Museum bisher vornehme Zurückhaltung bei seinen Publikationen an den Tag und Wert auf ein edles Corporate Design gelegt. »Wortmächtig« und textverliebt ist es geblieben im Gegensatz zu seinen recht bunt und laut werbenden Partnern und Rivalen in aller Welt – ungeachtet des »pictorial turn«, der Ablösung der Sprache durch das Bild – und wird daran festhalten! Freilich nicht in seinen Ausstellungen, weiß es doch um die ganz und gar visuelle Natur seines Metiers, die zwei- und dreidimensionale, und wie sehr Museen und Ausstellungen Kinder dieses Schaugetriebes sind.

Aber genau darum geht es, hier hat das »Deutsche Museum von Meisterwerken der Naturwissenschaft und Technik« – so lautet sein voller Name – riesigen Nachholbedarf. Und so legt es jetzt, in seinem hundertsten Jahr, diesen Fotoband vor, ein opulentes Werk, das zum ersten Mal dem Museum, seinen Ausstellungen und seiner Gesamtbedeutung visuell gerecht zu werden sucht. Blättern und entdecken Sie Oskar von Millers Meisterwerk aller Meisterwerke, unstrittig das größte und bedeutendste Wissenschafts- und Technikmuseum der Welt, Lieblingsmuseum der Deutschen, das sie in zärtlicher Vertrautheit nur »beim Vornamen« nennen. Durchstreifen und genießen Sie es in allen seinen Ausprägungen, die idyllische und doch so stadtnahe Insellage, die architektonische Schönheit der Baulichkeiten, die schiere Größe der Ausstellungsräume, die Einzigartigkeit der Meisterwerke, Wert und Umfang der Sammlungen überhaupt, den reichhaltigen Bestand von Bibliothek und Archiv, die Schatzkammer der »libri rari«, die im Forschungsinstitut und dem Münchner Zentrum für Wissenschafts- und Technikgeschichte gebündelte wissenschaftliche Exzellenz, des Museums Strahlkraft nach draußen, seine Universalität. Freuen Sie sich mit dem Glücks- und Geburtstagskind über die ihm im Laufe der Jahre dargereichten Geschenke in Form attraktiver Dependancen, die dem Museum die so notwendigen Wachstumsimpulse und Entwicklungsmöglichkeiten gaben und eine Wissensstadt begründeten. Bei hinreichendem »visuellen Alphabetismus« des Betrachters und genügendem Geschick der Fotografen werden vielleicht auch Dinge sichtbar wie die Ausstellungsphilosophie, die kluge Mischung von erklärendem Experiment und illustrierendem Objekt, die sich im Endeffekt behaupten wird, die Faszination und Zukunftsorientiertheit neuartiger, der »anderen Kultur« entlehnter Vermittlungsformen, die Begeisterung kreativer Mitarbeiter für ihre Arbeit. Möge der Band – aber das ist wohl zuviel verlangt – auch die neue Offenheit und Internationalität des Hauses widerspiegeln und die weltweite Zustimmung, die es erfährt. Dabei hat es stets seine nationalen, kulturellen Besonderheiten bewahrt, auch das Quantum mehr an Seriosität, das es von vielen befreundeten Institutionen unterscheidet.

Nach dem anfänglichen Ausflug in die »Bildwissenschaft« möchte ich mit ein paar schönen Gedanken Roland Barthes' fortfahren, welche die hier ja so zentrale Fotografie betreffen und mich auch persönlich anrühren: »Es heißt oft, die Maler hätten die Fotografie erfunden. Ich hingegen sage: nein, es waren die Chemiker. Denn der Sinngehalt des ›Es-ist-so-gewesen‹ ist erst von dem Tag an möglich geworden, da [...] die Entdeckung der Lichtempfindlichkeit von Silbersalzen es erlaubte, die von einem abgestuft beleuchteten Objekt zurückgeworfenen Lichtstrahlen einzufangen und festzuhalten [...] Und wenn die [...] Welt noch ein gewisses Maß an Sensibilität für den Mythos besäße, so würde man [...] ganz gewiss frohlocken: der geliebte Körper wird durch die Vermittlung eines kostbaren Metalls, des Silbers, unsterblich: und die Vorstellung ließe sich nachtragen, dass dieses Metall, wie alle Metalle der Alchemie, lebendig ist.«

Es ist mir nun ein besonderes Bedürfnis und Vergnügen, an dieser Stelle den »Freundes- und Förderkreis Deutsches

Museum e.V.« zu nennen, ohne dessen Förderung vorliegendes Produkt eines kostbaren Metalls und noch viel kostbarerer wissenschaftlicher und künstlerischer Arbeit einer großen Zahl höchst engagierter, Mitarbeiter sowie der umsichtigen, professionellen Endredaktion und Drucklegung durch den Verlag nicht hätte zustande kommen können. Der noch junge, zahlenmäßig kleine, sich aber erfreulich dynamisch entwickelnde Kreis bester und engster Museumsfreunde hat es sich nicht nehmen lassen, die Finanzierung dieses Großprojektes allein zu schultern. Dem Mut und der Überzeugungskraft des Vorstandes wie dem Enthusiasmus jedes einzelnen Mitgliedes für sein Deutsches Museum sei aus vollem Herzen gedankt.

Einen Überblick über Technik und Naturwissenschaften zu geben und dabei lehrreich und zugleich unterhaltsam zu sein – diese Idee bewegte den Ingenieur Oskar von Miller und führte 1903 zur Gründung des Deutschen Museums. Schon 1906 konnte dessen Eröffnung in provisorischen Räumen gefeiert werden, 1925 war der Museumsbau auf der Isarinsel fertig gestellt; Anfang der 30er Jahre folgten Bibliotheksbau und Kongresssaal, in den 1992 das Forum der Technik Einzug hielt. Bereits während des Wiederaufbaus nach den Kriegszerstörungen, insbesondere aber in den Jahren 1960 bis 1980, wurde permanent aktualisiert, neu konzipiert und erweitert, bis das Museum 1984 mit einer Ausstellungsfläche von rund 50.000 m² seine heutige Größe erreichte. Die Sammlung von Originalen, Modellen, Experimenten und Demonstrationen umfasst die meisten Gebiete der Technik und die wichtigsten naturwissenschaftlichen Disziplinen von ihren historischen Anfängen bis zum aktuellen Stand. In den Ausstellungen werden Naturwissenschaft und Technik in ihren vielfältigen gesellschaftlichen Bezügen präsentiert: die Erforschung der Naturgesetze in Raum und Zeit, die Nutzung von Energieformen und -trägern, die Kommunikationstechniken, die Techniken der Produktion lebenswichtiger Güter, die Entwicklung von Transportmitteln und -wegen sowie die Gewinnung und Verarbeitung natürlicher Rohstoffe.

Bildungsseinrichtungen wie das Münchner Zentrum für Wissenschafts- und Technikgeschichte und das Kerschensteiner Kolleg ermöglichen die Auseinandersetzung mit speziellen Inhalten und deren Vermittlung in Tagungen, Seminaren und Kursen.

Die in jüngster Zeit eingerichteten Zweigmuseen bedeuten eine räumliche Erweiterung des Museums um nochmals fast 20.000 m², die nicht nur der Auslagerung von Exponaten dient, sondern erlaubt, jeweils einen ganz eigenen Museumsbereich in den Vordergrund zu rücken: Die Flugwerft Schleißheim, deren historische Gebäude aus der Zeit des Ersten Weltkriegs stammen, ergänzt die Luft- und Raumfahrtausstellung des Deutschen Museums auf der Museumsinsel. Das Deutsche Museum Bonn befasst sich mit Forschung und Technik in Deutschland nach 1945 und sucht den Dialog mit der Öffentlichkeit mittels modernster Medien. Das Verkehrszentrum auf der Münchner Theresienhöhe wird 2003 mit einer Ausstellung über »Mobilität« eröffnen und sich danach der Themen »Stadtverkehr« und »Reisen«, einschließlich der technischen Entwicklungen von Schienen- und Straßenfahrzeugen annehmen.

Immer mehr ist sich das Museum der Notwendigkeit einer unterhaltsamen, speziell auf die Bedürfnisse von Kindern und Jugendlichen zugeschnittenen Wissensvermittlung bewusst. Anfang 2003 eröffnet es das »Kinderreich« – zusammen mit dem Freigelände ein Eldorado für die Altersgruppe der Drei- bis Zwölfjährigen! Man kann gar nicht früh genug damit beginnen, sich in unserer komplexen Welt zurechtzufinden; deshalb ist sowohl die spielerische Annäherung an Wissenschaft, als auch das sinnliche Erfahren von Forschung und Technik »am eigenen Leib« wichtig, um die Informationsflut kritisch zu sichten und die Vorteile, die technische Entwicklungen fraglos bieten, sinnvoll nutzen zu lernen. Neue Formen der Darstellung machen dabei neugierig auf neue Inhalte – das gilt in besonderem Maße für junge Menschen. Das Zentrum Neue Technologien widmet sich aktuellen Themen aus Forschung, Wissenschaft, Technik und Gesellschaft. In den kommenden Jahren wird dafür auf frei werdenden Flächen im Museum ein eigenes Forum für Sonderausstellungen und Begleitveranstaltungen entstehen.

Das Deutsche Museum wird sich also keineswegs auf seinen Lorbeeren ausruhen. Vielmehr hat es bereits weit in die nächsten hundert Jahre hineinreichende Projekte in Angriff genommen und überall Baustellen. Zum Feiern bleibt da keine Zeit!

Wolf Peter Fehlhammer Generaldirektor

Transrapid
06
Deutsches
Museum

Rückblick

Die heutige Museumsinsel war bis etwa 1900 unter dem Namen Kohleninsel bekannt, da hier seit dem Mittelalter Holz und Holzkohle gelagert wurden. Regelmäßige Überschwemmungen und eine fehlende Befestigung der Insel verhinderten die Nutzung als Wohngebiet. Hochwasser rissen die Brücke an der Nordseite immer wieder ein, bis unter König Ludwig I. eine stabile Steinbrücke, die Ludwigsbrücke, erbaut wurde. Eine Kaserne blieb auf der Insel lange Zeit das einzige Gebäude.

An der Wende zum 20. Jahrhundert fand die Insel durch ihre zentrale Innenstadtlage zunehmend Aufmerksamkeit. 1898 nutzte man sie für die Zweite Kraft- und Arbeitsmaschinenausstellung. Auch die Stadtplaner interessierten sich nun für das Areal. Der Ingenieur Theodor Lechner plante einen Inselbahnhof, der einflussreiche Architekt Theodor Fischer wiederum wollte sie mit einer kleinen mittelalterlichen Stadt bebauen. Der Vorschlag, auf der Insel ein nationales technisches Museum zu errichten, verknüpfte eine sinnvolle Nutzung mit einem erheblichen Prestigegewinn für die Stadt.

Dieser überraschende Vorstoß kam von Oskar von Miller (1855–1934). Er stammte aus einer erst in der zweiten Generation in München ansässigen Handwerkerfamilie. Sein Vater Ferdinand war einer der weltweit führenden Erzgießer. Die Löwen auf dem Siegestor, die Bavaria auf der Theresienhöhe oder das Bronzeportal an der Ostseite des Kapitols in Washington sind Belege für seine Kunstfertigkeit. Oskar von Miller selbst hatte ein Bauingenieurstudium absolviert, sich dann aber autodidaktisch der Elektrotechnik zugewandt. Anfangs als Technischer Direktor der Deutschen Edison-Gesellschaft (später AEG), dann ab 1890 als Leiter eines eigenen Beratungsbüros für Energiefragen, wurde Miller zu einem der Vorreiter der Elektrotechnik in Europa. Sein Name ist mit der ersten Gleichstromübertragung von Miesbach nach München über rund 57 km (1882) und der ersten Drehstromübertragung über ca. 175 km von Lauffen am Neckar nach Frankfurt am Main (1891) verbunden. Miller

1 Kaiser Wilhelm II., 2 Prinz Ludwig von Bayern, 3 Kaiserin Augusta Victoria, 4 Prinzregent Luitpold, 5 Prinzessin Therese von Bayern, 6 Prinz Rupprecht von Bayern, 7 Virginie Waltenberger, 8 Gretl Scholl, 9 Irma Scholl, 10 Hedwig von Dyck, 11 Lulu von Miller, 12 Marie von Miller, 13 Auguste von Dyck, 14 Elisabeth von Linde, 15 Marianne von Miller, 16 Max Graf von Moy, 17 Wilhelm von Borscht, 18 Walther von Dyck, 19 Carl von Linde, 20 Albert Koch, 21 Oskar von Miller, 22 Arthur Schönberg, 23 Emil Ehrensberger, 24 Wilhelm Conrad Röntgen, 25 Adolf Slaby, 26 Wilhelm von

Grundsteinlegung für den Neubau des Deutschen Museums durch Kaiser Wilhelm II., Gemälde von Georg Waltenberger, 1916.

Oechelhäuser, 27 Walther von Miller, 28 Heini Seidl, 29 Gabriel von Seidl, 30 Clemens Graf von Podewils-Düritz, 31 Arthur Graf von Posadowski-Wehner, 32 Max Graf von Feilitzsch, 33 Rudolf Diesel, 34 Theodor Peters, 35 Moritz Schröter, 36 Max Krause, 37 Wilhelm von Siemens, 38 Anton von Rieppel, 39 Anton Ritter von Wehner, 40 Wilhelm Freiherr von Pechmann, 41 Wilhelm von Muthmann

baute europaweit zahlreiche kommunale Kraftwerke und betrieb sie teilweise in Eigenregie. Auch setzte er nach langwierigen Verhandlungen die Errichtung des Walchenseekraftwerks und die Gründung des Bayernwerks zur landesweiten Stromversorgung durch.

Aufgrund seiner herausragenden Bedeutung wurden ihm zahllose Ämter angetragen: So nahm er 1919 als Delegierter an den Friedensverhandlungen in Versailles teil, 1925 gewann ihn Hugo Junkers zeitweise als Präsident seiner Luftfahrtlinie Trans-Europa-Union, 1930 war er Ehrenpräsident der 2. Weltkraftkonferenz in Berlin. Miller gilt auch als Begründer der Industriearchäologie in Deutschland.

Während der Jahrestagung des Vereins Deutscher Ingenieure wurde am 28. Juni 1903 die Gründung eines Museums von »Meisterwerken der Naturwissenschaft und der Technik« beschlossen, das schon bald den Namen Deutsches Museum erhielt. Millers weltweite Beziehungen, sein ausgeprägtes Talent als »Fundraiser« und ein geschicktes System der Museumsorganisation waren beim Aufbau äußerst hilfreich. In kurzer Zeit gelang es, die Regierung und weite Kreise der Politik, Industrie und Wissenschaft, aber auch zahlreiche Einzelpersonen für diese Idee zu begeistern und sie zu tatkräftiger finanzieller Unterstützung und für die Stiftung von historischen wie aktuellen Objekten zu gewin-

Die unbefestigte Kohleninsel vor dem Bau des Museums. Gemälde von Otto Strützel, 1889.

nen. So hatte das Museum bis 1910 schon über 27.000 Exponate eingeworben.

Die ersten provisorischen Sammlungen eröffneten bereits im November 1906 im Alten Nationalmuseum in München (heute: Völkerkundemuseum) und 1909 in der ehemaligen Schwere-Reiter-Kaserne auf dem Gelände des heutigen Deutschen Patent- und Markenamtes. 1906 erfolgte in Anwesenheit Kaiser Wilhelms II. die Grundsteinlegung für das Museumsgebäude auf der Isarinsel. Krieg und Inflation verzögerten die Eröffnung bis 1925. Dann aber wurde es mit einer für Miller typischen Feier und einem aufwendigen Festzug eingeweiht. Vielfach wird dieses Ereignis als das letzte Fest der Weimarer Republik bezeichnet. Bald zogen die dunklen Wolken der Weltwirtschaftskrise, des Nationalsozialismus und des Zweiten Weltkrieges auf.

Im Vergleich mit dem Science Museum in London und dem Conservatoire des Arts et Métiers in Paris verfolgte das Deutsche Museum ein breiteres Museumskonzept. Es sah neben den Ausstellungen auch eine Bibliothek und ein Spezialarchiv zu Naturwissenschaft und Technik vor; es wollte von Beginn an historische Forschung betreiben und ein ausgeprägtes Vortragswesen installieren. Das Museumsgebäude war noch nicht vollständig ausgestattet, als Miller sein neues Projekt, ein Bibliotheksgebäude mit Kongress-Saal, in Angriff nahm. Die Eröffnung der Bibliothek 1932 konnte er noch miterleben, den Abschluss des Kongressbaus nicht mehr. Er verstarb 1934, ein Jahr, nachdem er vom Museumsvorstand zurückgetreten war. Sein Rücktritt sollte die Unterstützung des Museums auch durch die neuen Machthaber ermöglichen, obwohl diese Miller und sein kosmopolitisches Museum stets skeptisch beurteilt hatten.

Das »Dritte Reich« brachte für das Museum erhebliche Einschränkungen. Zeitweise wollten die Nationalsozialisten das Deutsche Museum mit einem gigantischen Haus der deutschen Technik, das direkt gegenüber dem Museum gebaut werden sollte, übertrumpfen. Mit Geschick gelang es der Museumsleitung, eine

Um die Jahrhundertwende gab es verschiedene Pläne zur Nutzung der Kohleninsel, so für einen Bahnhof (oben). Den Architektenwettbewerb für den Neubau des Deutschen Museums mit ganz unterschiedlichen Entwürfen entschied Gabriel von Seidl für sich.

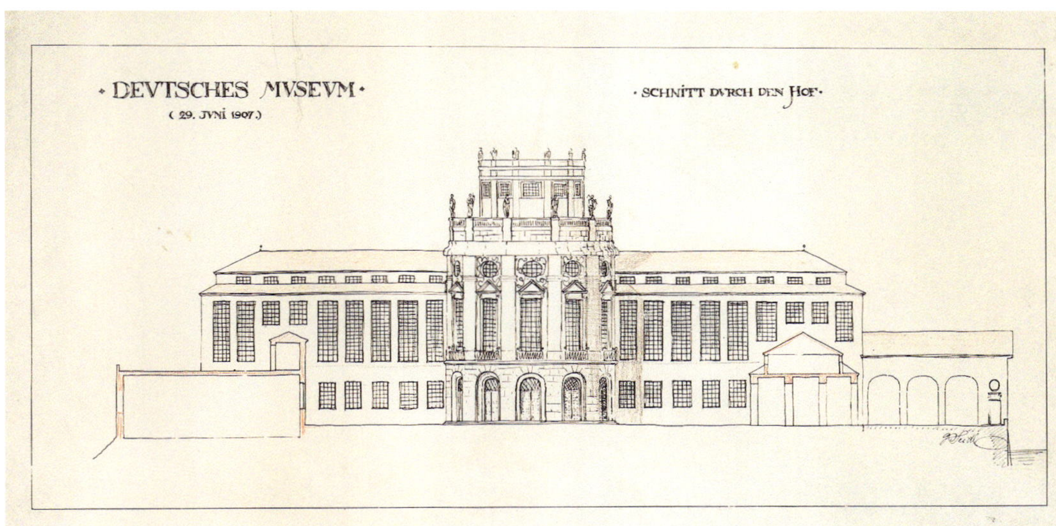

Rückblick

Oskar von Miller. Gemälde von Friedrich August von Kaulbach, 1912. Miller gilt als ein Pionier der Elektrotechnik in Deutschland. Nach 20jährigen Diskussionen setzte er den Bau des Walchensee-kraftwerks durch und legte damit den Grundstein für eine bayernweite Elektrizitätsversorgung.

allzu direkte Einflussnahme der Nationalsozialisten einzudämmen und eine Unterstellung unter das Hauptamt für Technik zu verhindern. Kaum bekannt ist, dass sich unter den Museumsmitarbeitern eine kleine Widerstandsgruppe gegen das Regime bildete. Sie wurde entdeckt, mehrere Mitglieder starben in der KZ-Haft oder an deren Folgen. Die Bombardierungen Münchens während des Zweiten Weltkrieges beschädigten auch das Museum schwer. Mehr als 5.000 Spreng- und Brandbomben trafen die Gebäude, manche Abteilungen brannten vollständig aus. Rund 20.000 Objekte wurden vernichtet oder unbrauchbar.

Dank der Mieteinnahmen aus dem rasch hergerichteten Kongress-Saal und einer breiten Unterstützung durch die Industrie erfolgte nach dem Krieg in fast 25 Jahren der Wiederaufbau. Ziel war, das Museum ganz im Stil der Gründungsväter einzurichten, wobei allmählich neue Technikbereiche Platz fanden. Am 23.11.1973 konnte erstmals binnen eines Jahres der millionste Besucher begrüßt werden.

Insgesamt ist nach dem Krieg eine deutliche Verwissenschaftlichung des Museums feststellbar. Die enge Zusammenarbeit mit den Münchner Universitäten führte erstmals 1963 zu einem gemeinsamen Forschungsinstitut. In dem 1997 neu gegründeten Münchner Zentrum für Wissenschafts- und Technikgeschichte wurde die lose Zusammenarbeit institutionalisiert. Auch die Bildungsarbeit erfuhr durch die Gründung des Kerschensteiner Kollegs 1976 eine dauerhafte Organisation.

Das letzte Viertel des vergangenen Jahrhunderts brachte dem Museum mit dem Bau der Luftfahrthalle 1978–1984 eine erneute räumliche Ausdehnung. Damit waren allerdings die Raumkapazitäten auf der Insel erschöpft. Seit den 90er Jahren ergriff das Museum die Chance zum Aufbau von Zweigmuseen, zuerst im nahe gelegenen Oberschleißheim (1992), dann im Wissenschaftszentrum Bonn (1995) und im Jubiläumsjahr 2003 mit der Eröffnung des Verkehrszentrums auf der Theresienhöhe. *wf*

Die Idee des Deutschen Museums unterstützten zahlreiche Persönlichkeiten, u. a. der Mathematiker Walther von Dyck, der Kältetechniker Carl von Linde, der Chemiker Carl Duisberg, der Ingenieur Rudolf Diesel und der Physiker Wilhelm Conrad Röntgen.

Seine weltweiten Reisen nutzte Oskar von Miller zur Einwerbung von Objekten, zum Studium internationaler Einrichtungen und zum Kontakt mit Wissenschaftlern und Ingenieuren.

Die Bibliothekskommission auf Reisen in den USA 1912 mit Mitarbeitern des Museums und Prominenten. In der erste Reihe Diesel, v. Miller, Graf v. Podewils, v. Borscht und v. Dyck.

Pioniere der Elektrotechnik: Thomas Alva Edison und Oskar von Miller, 1912.

Rückblick

76
drachen
180
ginal Gleitflugapparat von Otto Lilienthal
Rumpler Berlin.

Vom Provisorium zum Neubau:
Schon 1906 und 1909 wurden die ersten Sammlungen eröffnet: Luftfahrthalle in der Isarkaserne und Treppenhaus im Alten Nationalmuseum (heute Völkerkundemuseum).
Das Museumsgebäude auf der Kohleninsel ruht auf 1.500 Betonpfählen. Auch Kaiser Wilhelm II. zeigte Interesse am Fortschritt der Baumaßnahmen.

Aufwendiger Festzug zur Eröffnung des Deutschen Museums 1925, hier die Gruppe der Maschinenbauer.

Weltweite Anerkennung: Oskar von Miller
mit Albert Einstein während der Weltkraftkonferenz 1930
und im gleichen Jahr mit Henry Ford (Mitte)
im Deutschen Museum.

Schon 1928 begann mit der Errichtung
des Bibliotheksgebäudes und des Kongress-Saals
der Ausbau des Museums.
Die Fresken im Kongress-Saal stammen von
Hermann Kaspar.

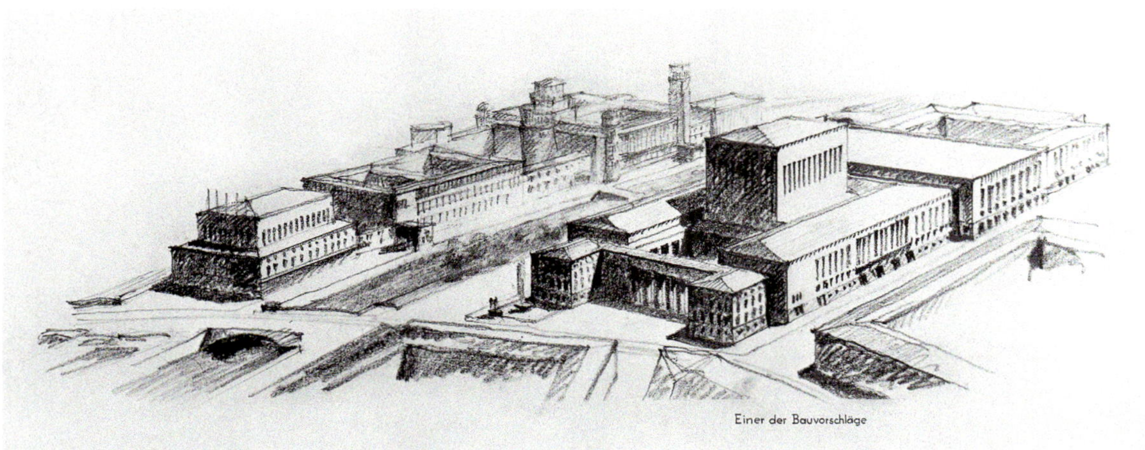

Nationalsozialismus und Zerstörung:
Die Zeit des Nationalsozialismus brachte für das Museum den Anbau der Autohalle (1937). Dem international ausgerichteten Deutschen Museum wollten die Nationalsozialisten am anderen Isarufer ein gewaltiges »Haus der deutschen Technik« entgegensetzen. Die Pläne dafür blieben unvollendet, das Museum selbst erlitt 1944/45 schwere Bombentreffer, tausende von Objekten wurden zerstört.

Rückblick

Der Zerstörung im Krieg folgte ein jahrzehntelanger Wiederaufbau. Der Kongress-Saal wurde als Veranstaltungsraum genutzt, in dem anfangs Basketballspiele und Revuen, später Konzerte und Veranstaltungen stattfanden.

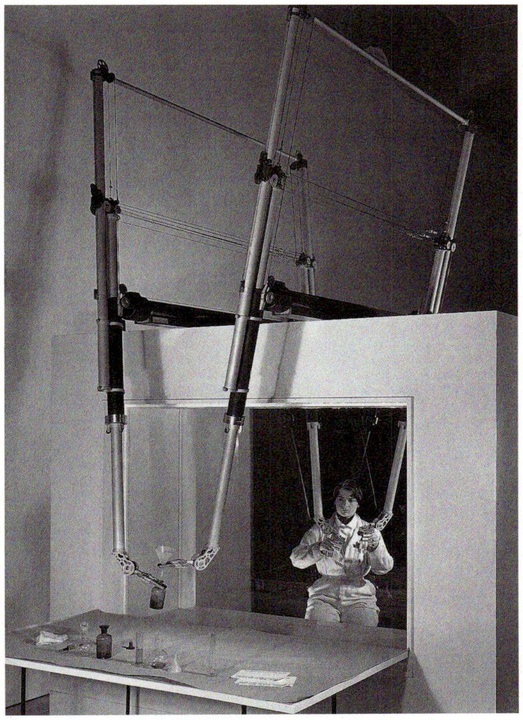

Große temporäre Sonderausstellungen in den 50er und 60er Jahren wie die »Atomschau« und »Mensch und Weltraum« führten zu neuen thematischen Dauerausstellungen. Mit der Luftfahrthalle von 1978–1984 fand der Ausbau der Gebäude auf der Insel ein Ende.

Dankplakette des Deutschen Museums, entworfen von Theodor Georgiri.

Architektur

Das Deutsche Museum prägt städtebaulich und architektonisch mit seinen unverwechselbaren Ansichten, der Planetariumskuppel, den Sternwarten und dem Turm die Flusslandschaft der Isar im Innenstadtbereich. Ein stattlicher, denkmalgeschützter Gebäudekomplex bedeckt zu einem Großteil die Museumsinsel und ragt gelegentlich sogar bis ans Flussbett. Der aufmerksame Betrachter erkennt, dass die Bebauung aus Gebäuden unterschiedlicher Zeiten, Stile und Funktionen besteht. Die Handschriften bekannter Münchner Architekten wie Gabriel von Seidl, German Bestelmeyer, Franz Hart und Sep Ruf sind ablesbar. Wer sich näher mit dem Baubestand befasst, erfährt sein wechselvolles Schicksal, gewinnt Einblick in die Absichten und Möglichkeiten seiner Erbauer und Nutzer und entdeckt immer wieder noch nicht Wahrgenommenes.

Bis unters Dach gefüllt mit Ausstellungs-
räumen und häufig noch abends genutzt:
Der Ausstellungsbau von Norden mit
Beleuchtung der patinierten Kuppeln.

Architektur

Ausstellungsbau von außen:
Das wichtigste Gebäude des Deutschen Museums ist der vielfach umgebaute und erweiterte Ausstellungsbau. Der älteste Teil des Ausstellungsbaus (errichtet ab 1906, eröffnet 1925) ist trotz seiner historisierenden Architektursprache ein bautechnisch sehr fortschrittliches Gebäude aus Eisenbeton, dem damals modernsten Baustoff. Seine repräsentativen Fassaden verdeutlichen den hohen architektonischen Anspruch des Museumsgründers. In den kaum einsehbaren Innenhöfen dagegen herrscht die reine Funktionalität vor. Beim Wiederaufbau nach den Kriegszerstörungen und den baulichen Erweiterungen wurde mit den jeweils zeitgenössischen Gestaltungsmitteln der ursprüngliche Bestand zum Teil rigoros verändert. *pk*

Die Planetariumskuppel über dem Haupteingang des Museums: Die Fassadendekoration des Ausstellungsbaus erreicht hier ihren Höhepunkt.

Blech- und Glasdächer über der alten Luftfahrt- und der Kraftmaschinenhalle. Die Rückseite der Planetariumskuppel im Hintergrund zeigt Einflüsse der Moderne der 20er Jahre – entstanden nach 1945.

Umfeld des Deutschen Museums:
Die Teilung der Isar in zwei Flussarme bietet einen einmaligen Standort für das Deutsche Museum am historischen Flussübergang Münchens. Die Insellage ermöglicht Distanz zum übrigen Stadtgefüge, begrenzt aber auch eindeutig die bauliche Entwicklung, die an diesem Ort ausgeschöpft erscheint. Flächenintensive Ausstellungen (vor allem Verkehrsmittel) wurden und werden daher in die Außenstellen Flugwerft Schleißheim und Theresienhöhe (Alte Messe) verlagert.

Blick nach Nordosten: Ludwigsbrücke, Müllersches Volksbad, Maximilianeum und Grünflächen entlang der Isar.

Blick von der Westkuppel (Sternwarte) auf die Münchner Innenstadt.

Blick nach Westen: Fensterschlitze der Magazine des Bibliotheksbaus unter Kupferdächern vor der baulichen Vielfalt der Innenstadt.

Architektur

Innenräume ohne Ausstellungen:
Die wenigen noch originalen Hallen und Treppenhäuser im Ausstellungs- und Bibliotheksbau strahlen je nach Bedeutung schlichte Eigenwilligkeit bis feierliche Großzügigkeit aus, die durch unterschiedlich wertvolle Materialien charakterisiert werden. Dass diese Räume die wechselnden Anforderungen weitgehend unbeschadet überstanden, ist hoher Wertschätzung, aber manchmal auch nur Geldmangel zu verdanken.

Eingangshalle Bibliotheksbau mit sitzendem Goethe in Rückansicht.

Westtreppenhaus Ausstellungsbau: Der Sichtbeton der Stützen und Geländer wurde im Jahr 2000 von einem später aufgetragenen Anstrich befreit.

Wahrzeichen des Deutschen Museums ist der 1911 errichtete, 65m hohe Museumsturm, der im Inneren ein Foucaultsches Pendel in den originalen Abmessungen beherbergt. Der Raum kann nun mit einem gläsernen Aufzug durchfahren oder auf der sich endlos windenden Treppe begangen werden. Nach fast 20 Jahren Sperrung des sanierungsbedürftigen Turms ist die Aussicht von seinen nun wieder zugänglichen Plattformen noch ein Geheimtipp.

Fassadendetails:
Bei der Sanierung und Reinigung der Nordfassade des Ausstellungsbaus überraschten die schon in der Frühzeit des Betonbaus hoch entwickelten Schalungstechniken für Kanneluren und die Details der Gesimse. Nur die bedeutendsten Fassadenteile wurden in Naturstein ausgeführt und mit Reliefs und Skulpturen geschmückt.

Eines der fünf Fassadenmedaillons von Hans Vogl (1955) über dem Haupteingang, aufgenommen während der Fassadensanierung 2002.

Geländerdetails:
Tagtäglich benützt und kaum beachtet, aber doch beispielhaft für die hohe handwerkliche Qualität im Ausstellungs- und Bibliotheksbau sind die unteren Enden der Handläufe: Der Beginn eines Handlaufs wurde durch eine besondere Gestaltung hervorgehoben und handwerklich präzise, aber nicht maschinell perfekt in verschiedenen Metallen ausgeführt.

Leuchten:
Die älteren Beleuchtungskörper außerhalb der Ausstellungsräume passen sich in ihrer Vielfalt und Lichtstimmung den unterschiedlichen Bedeutungen der Räume an. Sehr oft handelt es sich um Unikate, die eigens für das Deutsche Museum entwickelt wurden.

Steil von unten betrachtet, zeigen die Leuchten im Ehrensaal, wer sie gestiftet hat: Zu sehen sind die drei ineinander greifenden Kreise des Krupp-Logos.

SAMMELN, INFORMIEREN, AUSSTELLEN

Ein Astrolab aus dem Umfeld Johannes Keplers, die Röhren Conrad Röntgens, das erste Automobil von Karl Benz, die »Evolutionsmaschine« von Manfred Eigen oder das Rastertunnelmikroskop von Gerd Binnig und Heinrich Rohrer sind nur einige Schlaglichter aus dem breiten Spektrum der naturwissenschaftlich-technischen Sammlungen des Deutschen Museums. Sie bilden das Fundament für die vielfältigen Aufgaben des Hauses.

Die Sammlungen werden durch stetige Ergänzung mit wichtigen Zeitzeugnissen der Gegenwart ebenso wie durch Auffüllen von Lücken aus der Vergangenheit gepflegt. Die anvertrauten Schätze werden konserviert, restauriert und, wenn nötig, für Ausstellungen vorbereitet. Dies leisten die Werkstätten des Deutschen Museums.

Aus der Symbiose von Sammlungen, Fachwissen, Forschung und Architektur entstehen Ausstellungen. Sie sind nicht das einzige, aber das wirkungsvollste Forum des Deutschen Museums für die breite Öffentlichkeit.

Die laufend erneuerten, in vielen Bereichen interaktiven Ausstellungen vermitteln Informationen aus Geschichte und Gegenwart von Naturwissenschaft und Technik. Dieses Forum trägt zu einer sachlichen Auseinandersetzung bei und zeigt die eminente Bedeutung, die diese Bereiche für die Menschheit haben.

Meisterwerke

Physik Diese Versuchsanordnung hat Conrad Wilhelm Röntgen 1906 eigens für das Deutsche Museum gebaut. Mit ihr konnten verschiedene Eigenschaften der von Röntgen 1895 entdeckten X-Strahlen gezeigt werden.

Physik Azimutal-Quadrant von Georg Friedrich Brander, 1760. Die Kurfürstlich Bayerische Akademie beobachtete mit diesem eigens angefertigten Instrument am 6. Juni 1761 den Durchgang des Planeten Venus durch die Sonnenscheibe. Dieses seltene Ereignis wurde von mehreren Sternwarten in Europa ausgewertet.

Physik Vier-Prismen-Spektralapparat von Carl August Steinheil für Gustav Kirchhoff und Robert Bunsen, 1860. Im Jahr 1895 hatten Kirchhoff und Bunsen entdeckt, dass jedes Element eine nur ihm eigene Kombination von Spektrallinien zeigt. Dies war der Anfang der Spektralanalyse.

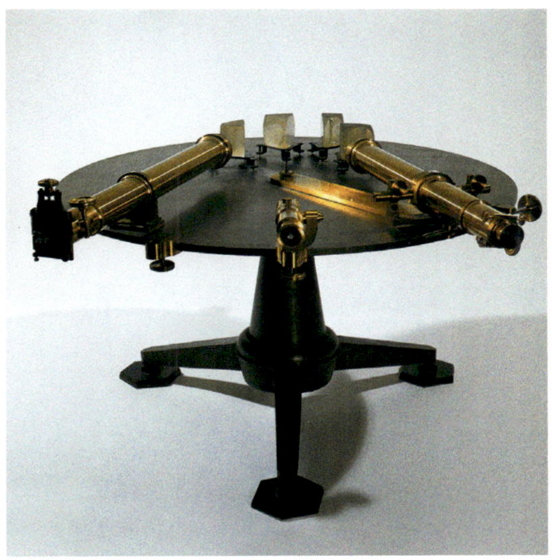

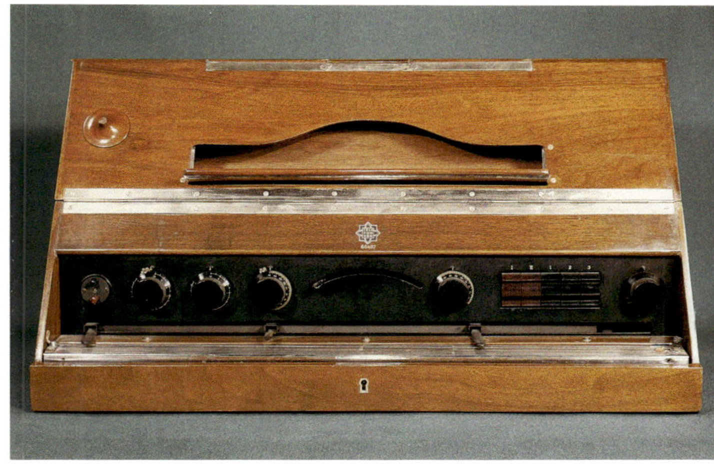

Musikinstrumente Das Trautonium (1930), auf dem später alle Geräusche für Alfred Hitchcocks Film »Die Vögel« komponiert wurden, besteht aus mehreren Teilen: einem radioähnlichen Gehäuse für den Tonerzeuger, einer Metallschiene aus Draht als Spielapparat, einem Lautsprecher und einem Fußapparat für die Lautstärkeregulierung.

Chemie Lötrohrbesteck. In der chemischen Analyse war das Lötrohr, ein einfaches kleines Gerät, einst unentbehrlich. Mit seiner Hilfe erkannte man im 18. Jahrhundert die qualitative und teilweise sogar die quantitative Zusammensetzung vieler Mineralien und entdeckte in ihnen etliche neue Metalle.

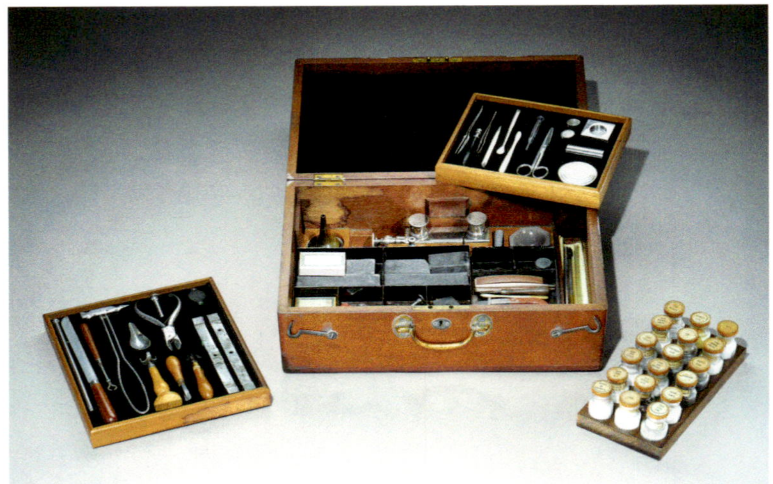

Chemie Der Experimentiertisch von Otto Hahn, auch »Hahntisch« genannt. Auf dem Experimentiertisch, der als Rekonstruktion aus Originalteilen erhalten ist, experimentierten Lise Meitner, Otto Hahn und Fritz Straßmann seit 1934 mit durch den Paraffinblock gebremsten Neutronen.

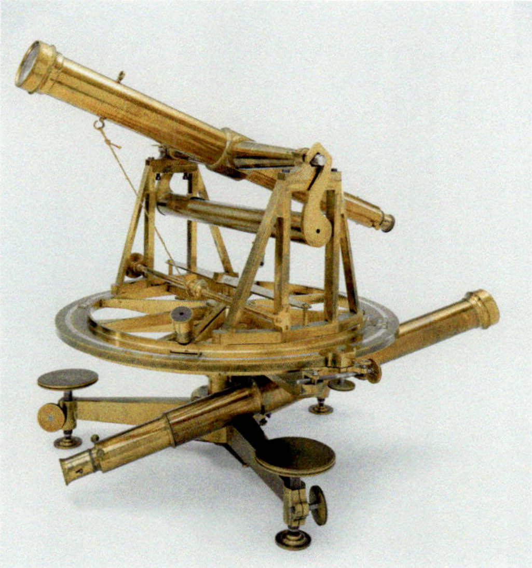

Geodäsie Repetitionstheodolit von Reichenbach, Utzschneider und Liebherr, um 1806.
Dies war der erste handliche und hochpräzise Theodolit. Die Genauigkeit wurde durch eine neue Messkreis-Teilmethode von Georg von Reichenbach erzielt. Mit diesem Präzisionsinstrument wurden bei der ersten bayerischen Landesvermessung die Winkel im Hauptdreiecksnetz gemessen, von dessen Genauigkeit die Qualität der später erstellten Landkarten abhing.

Astronomie Projektionsplanetarium Modell I von Carl Zeiss, Jena, 1923. Dieser weltweit erste Planetariumsprojektor wurde speziell für das Deutsche Museum konstruiert und gebaut. Er war von der Eröffnung des Museumbaues 1925 bis 1960 in Betrieb.

Astronomie Nach Angaben des Uhrmachers und Feinmechanikers Philipp Matthäus Hahn (1739–90) baute sein Mitarbeiter Schaudt für den Fürsten von Hohenzollern-Hechingen eine Tischuhr mit vier Zifferblättern und einer sich drehenden Himmelskugel, die von Sonne und Mond umkreist wird.

Agrartechnik Ölmühle aus dem Spessart, um 1750. In der von einem Wasserrad angetriebenen Mühle verarbeitete man Ölfrüchte wie Raps, Mohn, Sonnenblumenkerne und Nüsse.

Agrartechnik Lanz-Bulldog, 1921
Der Name dieses Schleppers, dessen eigenartige Form an eine Bulldogge erinnert, hat sich inzwischen allgemein als Bezeichnung für Schlepper eingebürgert.

Bergbau Fahrdraht-Grubenlokomotive Siemens & Halske Berlin, 1883. Im September 1883 wurde die jetzt im Deutschen Museum ausgestellte Lokomotive mit einer Leistung von ca. 7,5 Kilowatt in Oberschlesien in Dienst gestellt. Sie erreichte eine stündliche Förderung von 50 Tonnen Kohle.

Textiltechnik Webstuhl von Joseph-Marie Jacquard. Mit der Perfektionierung bisheriger Konstruktionen von mechanischen Webstühlen gelang es Jacquard, das Endlosprinzip der Lochkartensteuerung mechanisch an den Platz der Nockenwalze zu setzen.

Glas Tschirnhaus-Linse. Ehrenfried Walther von Tschirnhaus (1651–1708) schuf um 1700 dieses wohl größte und schönste System von Linsen aus Vollglas, um im Sonnenlicht Sinter- und Schmelzversuche zu unternehmen.

Werkzeugmaschinen Lasercav, 1990.
1989 gelang dem Werkzeugmaschinen-Hersteller Maho erstmals, in eine fünfachsige Fräsmaschine einen Hochleistungslaser zu integrieren, dessen Strahl über beliebig gekrümmte Flächen geführt werden kann, was es ermöglicht, auch in härteste und elektrisch nicht leitfähige Werkstoffe feinste und genaueste Stukturen einzubringen.

Maschinenelemente Kegelförmige Reibräder, um 1900. Für seine Vorlesungen ließ der Rektor der Technischen Hochschule Berlin Franz Reuleaux (1829–1905) zahlreiche Modelle anfertigen, um komplizierte Bewegungen anschaulich vermitteln zu können.

Papier Französische Papiermaschine, um 1820. Dieses Exponat ist das älteste erhaltene Zeugnis für den frühen Papiermaschinenbau. Auf dem feinmaschigen Sieb entsteht in einem kontinuierlichen Verfahren ein endloses Papierband. Diese Idee des Franzosen Louis-Nicolas Robert (Patent 1799) liegt auch modernen Papiermaschinen zugrunde.

Kraftmaschinen Hochdruck-Dampfmaschine mit schwingendem Zylinder, Dr. Ernst Alban, Eisengießerei und Maschinenbauanstalt Güstrow, 1839. Um ein übermäßiges Erhitzen der Zylinderlager zu vermeiden, hängte Alban den Zylinder in einen großen stählernen Rahmen; dadurch wurde eine bessere Wärmeableitung erreicht.

Kraftmaschinen Mehrstufige Überdruck-Dampfturbine, 1902. Da sie bei höherer Temperatur und größerem Druck betrieben wird als die Kolbendampfmaschine, arbeitet die Dampfturbine auch mit höherem Wirkungsgrad.

Kraftmaschinen Industriedampfmaschine von James Watt, 1788 (Nachbau von 1913). Diese doppelt wirkende Niederdruckmaschine mit Kondensator und Drehbewegung kann als universelle Kraftmaschine gelten, die die Energie des Brennstoffs in mechanische Energie umsetzt.

Starkstromtechnik Erste Dynamomaschine, 1866. Die Erkenntnis des Selbsterregungsvorgangs im magnetisierbaren Eisen – ein Prinzip, dessen weitreichende Bedeutung als Erster Werner von Siemens erkannte – schuf die Voraussetzung für die praktische Umwandlung von mechanischer in elektrische Energie.

Drucktechnik Die Linotype von Ottmar Mergenthaler. Seit 1898 breiteten sich in Deutschlands Setzereien die Linotype-Bleisetzmaschinen rasch aus. Wegen des hohen Preises von 13.250 Goldmark konnte das neugegründete Deutsche Museum erst 1925 eine solche Maschine erwerben. 1965 stellte die Herstellerfirma die abgebildete Maschine zur Verfügung, die von ihrem Grundaufbau immer noch der genialen Erfindung Mergenthalers entspricht.

Foto und Film Anschütz-Goerz-Handkamera, 1892. Durch den Schlitzverschluss von Ottomar Anschütz erfuhr die noch junge Amateurfotografie einen wichtigen Impuls, da Belichtungszeiten von 1/1000 Sekunden die Kamera vom Stativ unabhängig machten.

Informatik Kaufmanns Trompeterautomat funktioniert mit zwei Stiftwalzen, wovon eine die Melodie, die andere den Rhythmus steuert. Der Antrieb erfolgt über Federaufzug, die Tonerzeugung durch zwölf Metallzungen und zwei sog. Schöpfbälge. Die Trompete wird als Schallbecher benutzt, so dass die mit dem Zungensystem erzeugten Töne den natürlichen, mit den menschlichen Lippen erzeugten Trompetentönen sehr nahe kommen.

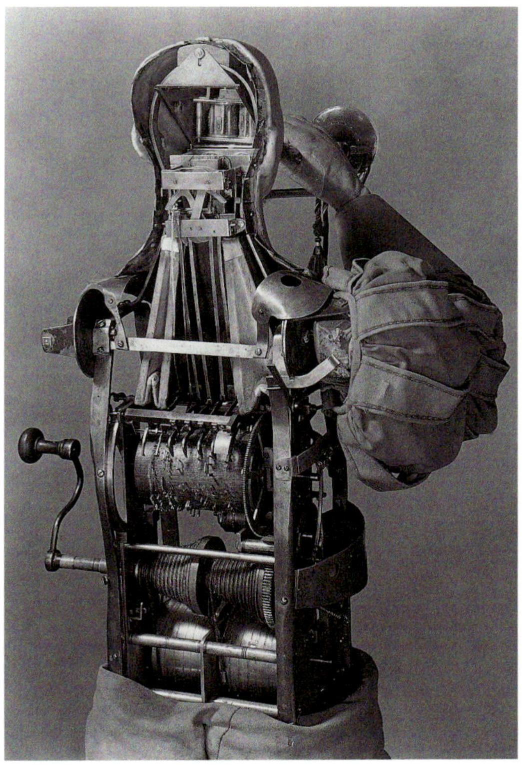

Informatik Rotor-Chiffriermaschine »Enigma«, Dreiwalzenausführung, um 1938.
Chiffrieren von Texten bedeutet Rechnen mit Buchstaben. Die Chiffriermaschine »Enigma« gehörte zur Ausrüstung der deutschen Wehrmacht und der Marine während des Zweiten Weltkriegs. Sie ist heute wahrscheinlich bekannter als alle anderen Chiffriermaschinen, weil es den Alliierten gelang, die mit ihr verschlüsselten Funksprüche systematisch zu entschlüsseln.

Telekommunikation Elektrochemischer Telegraf von Samuel Thomas Soemmerring, 1811.
Der Laboraufbau entstand an der Bayerischen Akademie der Wissenschaften und gilt als das früheste materielle Zeugnis der elektrischen Nachrichtentechnik.

Kraftfahrzeuge Benz-Motorwagen, 1886.
Mit weniger als einer Pferdestärke Leistung fuhr das erste Kraftfahrzeug von Karl Benz noch nicht schneller als ein Fahrrad.

Verkehrszentrum Rhätisches Krokodil Ge 6/6 411. Schon 1921 wurde mit dem Bau dieser elektrischen Schmalspurlok in der Schweiz begonnen. Wegen der dreigeteilten, gelenkigen Bauweise, die zur Fahrt auf kurvenreichen Strecken notwendig war, wurde die Lokomotive »Krokodil« genannt.

Kraftfahrzeuge Wohl der schönste Wagen, den die Bayerischen Motoren Werke je gebaut haben: das Sportcabriolet BMW 507.

Eisenbahn Dampflokomotive »Puffing Billy«, 1814 (Nachbildung). Sie diente dem Kohlentransport auf einer Zechenbahn in der Nähe von Newcastle (Nordengland) und bewährte sich im Betrieb so ausgezeichnet, dass sie fast 50 Jahre lang im Einsatz blieb.

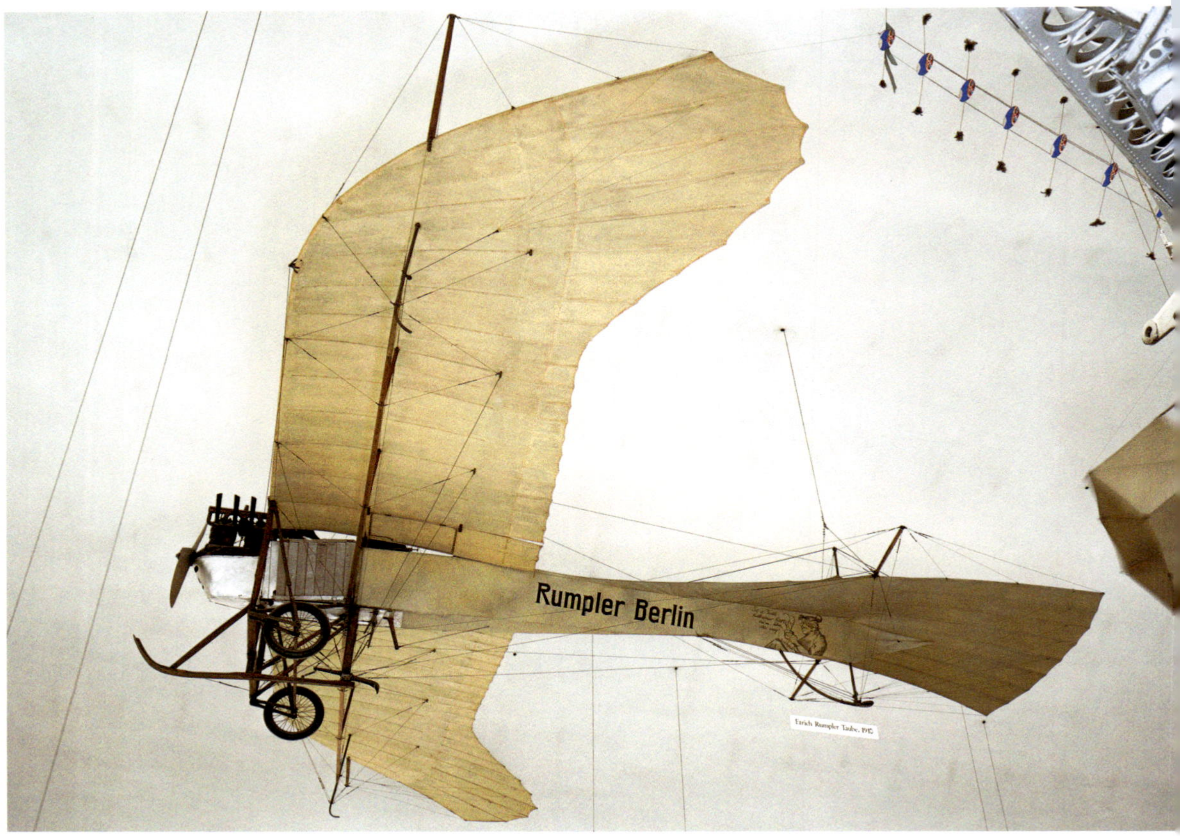

Luftfahrt Etrich-Rumpler-Taube, 1910. Mit dieser »Taube« gelang dem Piloten Hellmuth Hirth 1911 ein Flug von München nach Berlin.

Flugwerft Schleißheim Wolfmüller-Gleitflugapparat, 1907. Er gehört in eine Reihe von Gleitflugapparaten und Fluggeräten, die der Landsberger Ingenieur Alois Wolfmüller (1864–1948) konstruierte. Viele seiner Versuchsflüge führte er mit diesem Apparat aus.

Schifffahrt Funktionsmodell eines Tauchbootes von Wilhelm Bauer, das er 1852 baute und »eiserner Seehund« nannte. Den Tauchbooten Bauers fehlte allerdings noch ein motorischer Antrieb.

Schifffahrt Stählerne Schiffe und U-Boote benötigen neue Richtungssensoren wie den Kreiselkompass. Diese Kompasskugel ist zentrales Teil eines um 1925 verbesserten Kreiselkompasses von Hermann Anschütz-Kaempfe, an dessen Konstruktion sich auch Albert Einstein beteiligte.

Brückenbau Mit 27 Metern Spannweite schwingt sich eine besonders reizvolle, begehbare Hängebrücke aus Stahl und Glas durch den Raum und markiert den ästhetischen und technischen Mittel- und Höhepunkt der Ausstellung. Der Entwurf stammt aus dem Büro Schlaich, Bergermann und Partner in Stuttgart.

Flugwerft Schleißheim Europa-Rakete, 1971. Das einzige komplett erhaltene Exemplar der Europa-Rakete belegt den ersten europäischen Versuch, Anfang der 70er Jahre ein eigenes dreistufiges Trägersystem für den Transport von Satelliten zu entwickeln.

Depot – der noch nicht ausgestellte Teil der Sammlung

Depot in der Flugwerft Oberschleißheim mit Autos und Motorrädern.

Sammeln, Bewahren, Dokumentieren, Ausstellen und Forschen – dies sind die Kernaufgaben eines Museums.

Das Deutsche Museum besitzt, wie in den seit rund 100 Jahren geführten Eingangsbüchern dokumentiert, über 100.000 inventarisierte Sammlungsgegenstände von technikgeschichtlichem und kunsthistorischem Wert. Gesammelt werden Exponate aus 52 Fachgebieten, darunter Chemie, Physik, Starkstromtechnik, Land- und Straßenverkehr, Schiff- und Luftfahrt. Der Umfang der Sammlung technikgeschichtlich wertvoller Exponate wird besonders durch die über 1.500 Fachgruppen, wie z. B. Schreibmaschinen, Mikroskope oder Nähmaschinen, deutlich.

Die Ausstellung zeigt derzeit rund 18.000 Exponate. Durch Kriegseinwirkung wurden ca. 20.000 Objekte zerstört. Über 60.000 Geräte, Maschinen, Instrumente, Modelle sowie Demonstrationen werden in der Studiensammlung der Depots auf der Museumsinsel und in Außendepots mit einer Gesamtfläche von über 20.000 m^2 aufbewahrt, wobei die Unterschiedlichkeit der Exponate in Größe, Gewicht, Empfindlichkeit und historischer Bedeutung große Anforderungen an den Transport und die Aufbewahrung nach Fachgebieten bzw. Fachgruppen stellt.

Für wissenschaftliche Arbeiten, Jubiläumsausstellungen von Stifterfirmen und museumseigene Sonderausstellungen wird Forschern, Fachleuten und Leihnehmern gerne Einblick gewährt.

Die Daten des Gesamtbestandes sowie sämtliche Standortänderungen der mehr als 100.000 Exponate werden mittels eines vom Deutschen Museum entwickelten Computerprogramms verwaltet. Tätigkeiten wie die EDV-gestützte Erstdokumentation im Aufnahmeraum, die Inventarisierung und Ausleihverwaltung sowie Recherchen über den Altbestand werden von der Exponatverwaltung durchgeführt und unterstützen die Arbeit der Konservatoren. *rh*

Lieferwagen Citroen 2CV AZV 250, die »Kastenente«, Baujahr 1955.

Werkstätten

Oberflächlich betrachtet, wird Museen gerne eine retrospektive Sicht im Umgang mit Sammlungsgegenständen und Inhalten unterstellt. Das trifft jedoch nicht einmal auf typische Museumstätigkeiten wie das Restaurieren zu, wo mit modernsten Methoden an der Erhaltung historischer Objekte gearbeitet wird. Naturgemäß liegt im Deutschen Museum ein Schwerpunkt auf der Restaurierung technischer Gegenstände aus verschiedensten Metallen, oft in Kombination mit organischen Werkstoffen.

Ein einzigartiges Wissen hat sich auch in der Vermittlung von Inhalten durch interaktive Experimente oder durch künstlerische Inszenierungen technikhistorischer Situationen entwickelt. Die Synergie der klassischen Visualisierungstechniken mit modernen Medien lässt die »Druckknopf-Versuche« Oskar von Millers weiterleben. *ls*

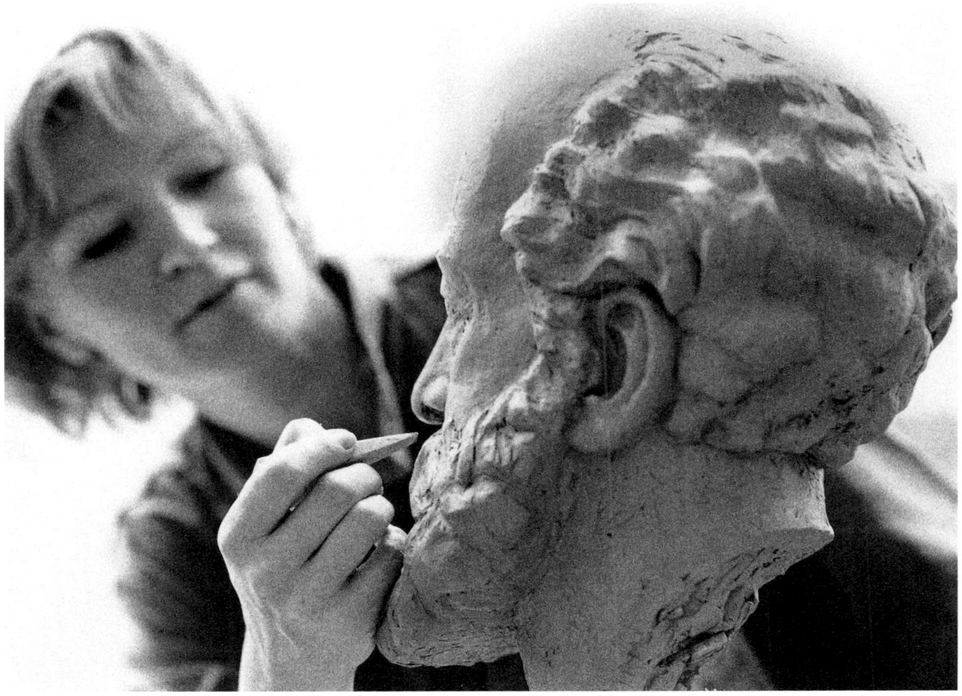

In künstlerischen Berufen wird Kreativität vorausgesetzt, im Deutschen Museum aber ebenso in allen Handwerken. Die Visualisierung komplexer Techniken erfordert didaktisches Gespür, Ideenreichtum und oft das Beschreiten neuer und ungewöhnlicher Wege. Trotz vieler gestalterischer Freiheiten bei der Umsetzung lässt sich der informative Inhalt nur mit Präzision im Detail transportieren.

Werkstätten

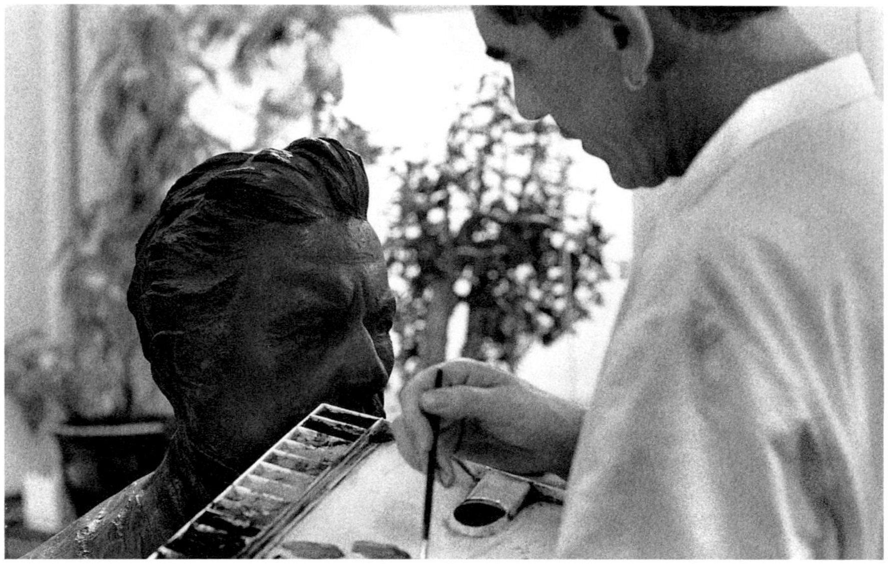

Außer den Restaurierungswerkstätten für wissenschaftliche Instrumente und Uhren, Fahrzeuge und Maschinen, Flugzeuge oder Musikinstrumente gibt es eigene Werkstätten für Modellbau, Bildhauerei, Malerei, Schlosserei, Schreinerei, Elektrik, Elektronik und Medien, Setzerei, Druckerei sowie Buchbinderei.

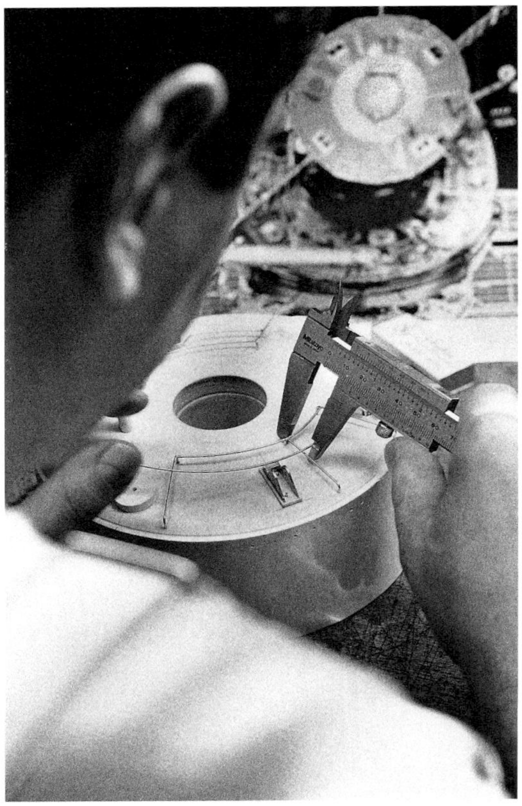

Nicht nur Uhren verlangen höchste Präzision. Bei der Entwicklung von Modellen geht es um Zehntel Millimeter und beim Bau von interaktiven Versuchen, die tagtäglich und über Jahre hinweg funktionieren sollen, um Tausendstel. Perfekte Dinge entstehen aus handwerklichem Können und höchster Konzentration.

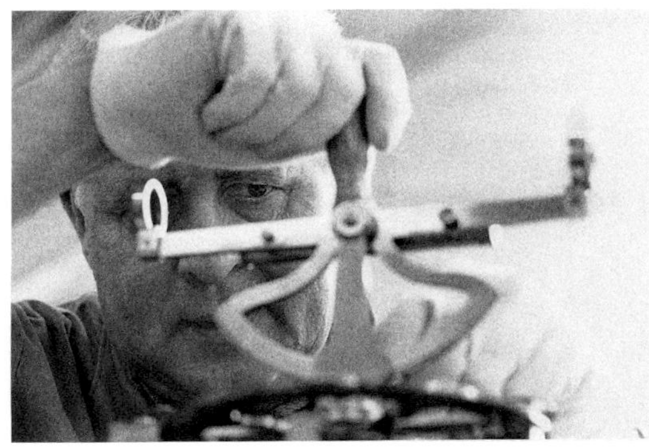

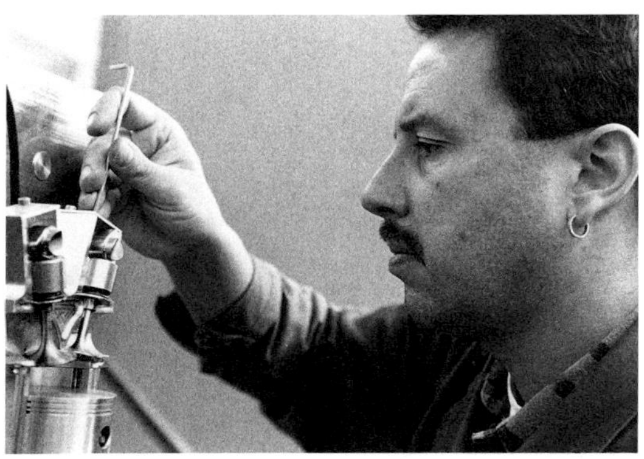

Die Oberfläche ist immer sichtbar. Flüchtige Malerarbeit kann alles zunichte machen, akribisches Vorgehen kann die Wirkung aller Vorarbeiten weiter steigern.

Gute Augen und beste Messinstrumente sind Voraussetzungen für Qualität.

Fast alle gefertigten Dinge sind Einzelstücke, deshalb sind auch traditionelle Fertigungsmethoden nicht passé. Dennoch haben moderne Techniken mit computergesteuerten Dreh- und Fräsmaschinen längst Einzug in die Werkstätten gehalten.

Jeder ist Spezialist seines Handwerks. Die Stärke der Werkstätten gründet auf guter Zusammenarbeit.

Werkstätten

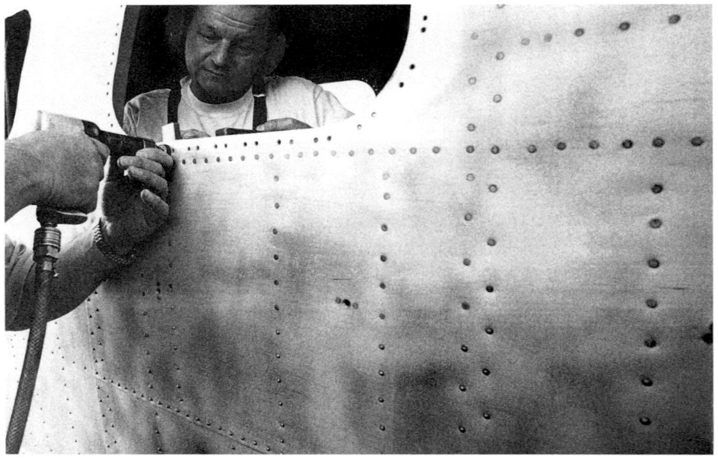

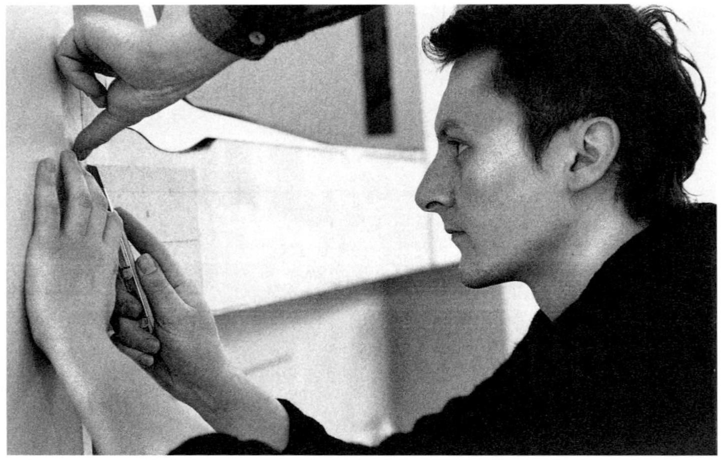

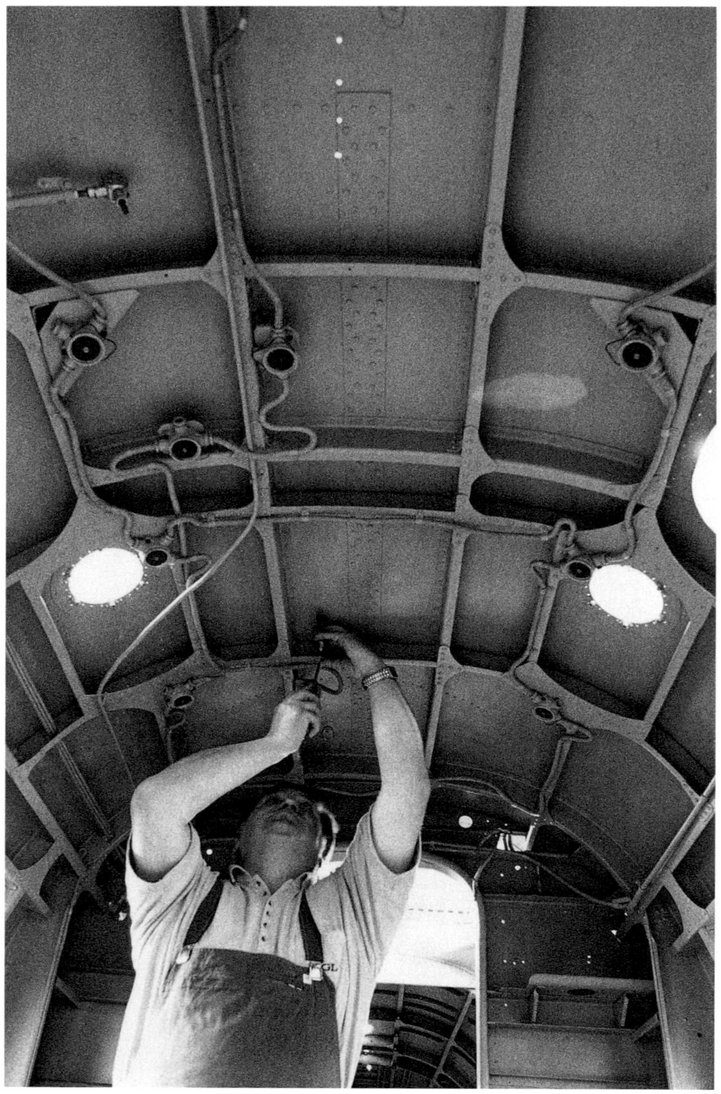

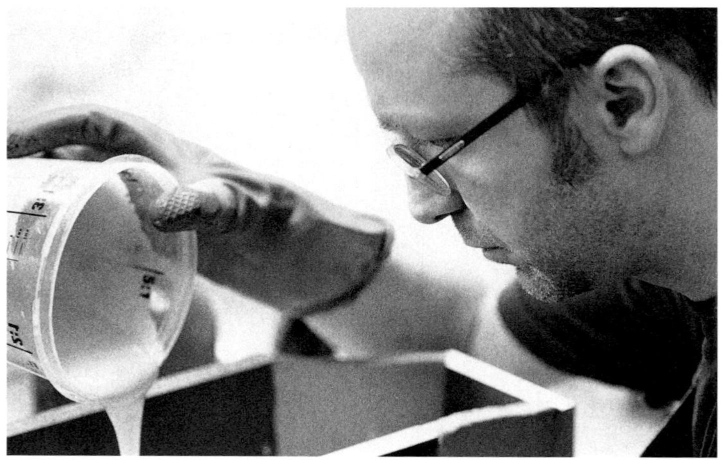

Der Werkstoff Aluminium ist aus technikhistorischer Sicht modern, dennoch zeigt er spezifische und schwierig restaurierbare Alterungserscheinungen. Mit Kunststoffen gibt es noch viel weniger Erfahrungen. In der Gemälderestaurierung spielen wiederum Wissen und Kenntnis der alten Techniken und Materialien eine Rolle, um der Alterung mit modernen Methoden zu begegnen.

Holz und Metall sind die klassischen Materialien im Innenaufbau und in der Ausstellungsarchitektur. Moderne Maschinen und Geräte sind selbstverständlich, doch fordern das denkmalgeschützte Gebäude und Teile seiner Inneneinrichtung traditionelles Handwerk bei der Erhaltung unzähliger Fenster und Türen oder der berühmten Bibliothekssessel.

Werkstätten

Neben Schlosserei, Elektrik und Schreinerei sind Unterhalt und Ausbau der EDV-Technik in der täglichen Museumsarbeit zu einem wichtigen Aspekt des reibungslosen Funktionierens geworden.

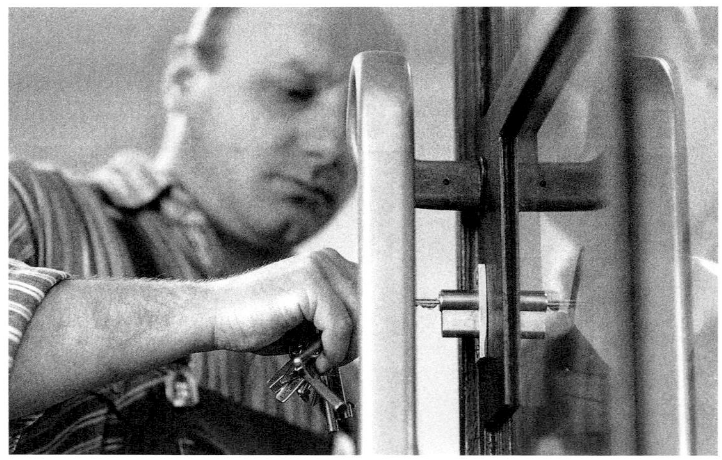

Eine der Hauptaufgaben eines Museums liegt neben der wissenschaftlichen Erforschung seiner Sammlungen in der Publikation der gewonnenen Erkenntnisse. Heute stehen dabei Datenbank- und Internet-Techniken im Vordergrund, die gemeinsam mit anderen Museen und Forschungseinrichtungen entwickelt werden. Die Werkstätten des Deutschen Museums schlagen so einen Bogen von der Vergangenheit in die Zukunft.

In sorgfältiger Handarbeit werden in der Buchbinderei der Bibliothek Bücher und Zeitschriften restauriert und neu gebunden.

Werkstätten

Der Bau des begehbaren Modells einer menschlichen Zelle stellte eine der größten Herausforderungen in der Geschichte der Museumswerkstätten dar.

Nach den im Hause entwickelten Computerzeichnungen entstand zunächst ein Gerippe, das mit dünnen Holzplanken, Glasgewebe und Kunststoff überzogen wurde. Alle organischen Details sind frei über filigrane Metallstrukturen geformt.

Werkstätten

Die gesundheitsgefährdenden und explosiven Kunststoffdämpfe forderten hohe Sicherheitsvorkehrungen. Zum Einsatz kamen Atemfilter, Schutzanzüge und große Absauganlagen.

FORSCHEN, WISSEN, BILDEN

Die Aufgaben des Deutschen Museums sind vielseitig. Fachwissen und Forschung bilden das Fundament der stetig wachsenden Sammlungen sowie der Restaurierungswerkstätten. Aus der Symbiose von Fachwissen, Forschung und Sammlungen entstehen Ausstellungen und Publikationen. Mit ihnen wendet sich das Deutsche Museum an ein breites Publikum und wird seiner Aufgabe gerecht, Bildung zu vermitteln. Ergänzt wird dieses Angebot durch Fortbildungskurse. In den Sammlungs- und Ausstellungsbereichen, dem Forschungsinstitut, der Bibliothek, dem Archiv, dem Kerschensteiner Kolleg und der Museumspädagogik liegen die Schwerpunkte der Museumsarbeit. Jedes dieser Gebiete hat einen eigenständigen Aufgabenbereich, erarbeitet eigene Produkte und verfügt über ein Netzwerk von Kollegen sowie Nutzern im In- und Ausland. Trotz dieser Eigenständigkeit sind die wissenschaftlichen Aufgabenfelder »Forschen, Sammeln, Restaurieren, Ausstellen und Bilden« in der Praxis eng aufeinander bezogen.

Forschung

Das Deutsche Museum gehört zu dem halben Dutzend Forschungsmuseen der Wissenschaftsgemeinschaft Gottfried Wilhelm Leibniz e.V. (WGL), die aufgrund ihrer überregionalen Bedeutung und ihrer wissenschaftlichen Arbeit von Bund und Ländern gemeinsam gefördert werden. Zu diesem exquisiten Zirkel zu gehören, ehrt und verpflichtet; so wird vom Deutschen Museum erwartet, dass es sich stets von Neuem mit international anerkannten Forschungsleistungen profiliert. Forschung ist jedoch nicht nur Verpflichtung, sondern auch Basis vielfältiger Leistungen und Aktivitäten. Sie ist die Quelle der Autorität des Hauses als nationale Einrichtung zur Darstellung und Analyse des wissenschaftlichen und technischen Wandels im historischen Zusammenhang.

Die Forschung, die am Deutschen Museum gelebt und betrieben wird, ist nicht aktueller natur- oder ingenieurwissenschaftlicher Art. Auf diesem Gebiet ist das Museum die Plattform für einen ergebnisoffenen Dialog der Wissenschaftler mit der Öffentlichkeit. Eigene Forschung leistet das Museum vielmehr, indem es die Geschichte von Naturwissenschaften, Technik und Industrie in ihren Wechselwirkungen untersucht und in den kulturellen und gesellschaftlichen Zusammenhang einbettet. Es reflektiert die museologischen Grundlagen seiner Unternehmungen – in der Ausstellung, der Sammlung oder den Bildungsangeboten – im Licht der intern und extern betriebenen Forschung. Die herausragende Vielfalt seiner Bestände in Objektsammlung, Archiv und Bibliothek wird dabei wissenschaftlich erschlossen und der Öffentlichkeit zugänglich gemacht.

Die Forschung des Deutschen Museums ist vielfach vernetzt, lokal wie international. Auf der internationalen Ebene kooperiert das Deutsche Museum mit den weltweit führenden Schwestermuseen: der Smithsonian Institution in Washington, dem Science Museum in London, der Cité des Sciences in Paris, aber auch mit dem Science Centres in Finnland, Italien, Japan und Tunesien. Auf lokaler Ebene ist es Sitz des Münchner Zentrums für Wissenschafts- und Technikgeschichte, eines einzigartigen Forschungsverbunds der drei Münchner Universitäten und des Deutschen Museums. Durch diese organische Verbindung einer großen Tradition mit neuen, effizienten Formen der Forschung und Lehre zeichnet sich das Deutsche Museum als weltweit führendes Forum für die Geschichte unserer wissenschaftlich-technischen Kultur aus. *ht*

Schätze des Archivs

»Wichtige Botschaft!«
Ein Bote übermittelt seine Nachricht und ist auch durch tiefes Gewässer nicht aufzuhalten – dank aufblasbarer Schwimmhose (um 1480).

Ohmsches Gesetz, Indigo-Formel, Konstruktionszeichnung des Lilienthalgleiters, Entdeckung der Kernspaltung: Vieles, was in Schul- und Lehrbüchern zum Grundwissen gehört, befindet sich im Original im Archiv des Deutschen Museums. Eine Aura der Einmaligkeit zeichnet die Dokumente aus. Meter an Meter reihen sich die Unterlagen, insgesamt rund 4,5 Regalkilometer. Ein Mekka für Wissenschafts- und Technikhistoriker!

Das Archiv existiert seit der Museumsgründung im Jahr 1903. Die Initiatoren wollten das Deutsche Museum nicht nur als eine Sammlung von Objekten errichten, sondern als eine zentrale Stelle für die Geschichte der Naturwissenschaften und Technik. Dazu gehörte neben einer technisch-wissenschaftlichen Spezialbibliothek vor allem ein Archiv, das bedeutende Originaldokumente von Technikern, Ingenieuren, Wissenschaftlern und Erfindern vereinen sollte. Erstaunlich rasch verlief der Aufbau des Archivs. Die ersten Archivalien waren Handschriften oder Nachlässe wichtiger Forscher, Pläne und Zeichnungen von Erfindern, Firmenschriften oder historische Fotografien.

In 100 Jahren Museumsgeschichte hat das Archiv eine beeindruckende Zahl an Originalunterlagen gesammelt und verfügt über ein international anerkanntes Forschungspotenzial. Es verwahrt 250 Nachlässe bedeutender Naturwissenschaftler und Ingenieure, über 20.000 Einzelhandschriften, rund 500.000 historische Fotos, 25 geschlossene Archive von Firmen, Vereinen und Institutionen, 120.000 Pläne und technische Zeichnungen, mehr als einen Regalkilometer an Unterlagen zur Luft- und Raumfahrt, nahezu 900 Meter an Firmenschriften von mehr als 14.000 Unternehmen, 10.000 meist thematische Karten, 11.000 Porträts, eine Spezialsammlung von 3.000 Medaillen, Hunderte von Büsten, 3.300 Filme, rund 500 Tondokumente, wichtige papierhistorische Bestände etc.

Über die reinen Zahlen hinaus sind es die Inhalte der Unterlagen, die für Forscher wie Interessierte spannend sind. Traditionell gepflegte Archivschwerpunkte bilden Physik- und Chemiegeschichte, Verkehr, Luft- und Raumfahrt oder Maschinenbau, neu sind Informatik und Solartechnik. Gesammelt werden hochkarätige Quellen, die für die Geschichte von Technologien und die Wechselwirkungen von Wissenschaft und Technik von herausragender Bedeutung sind. In vielen Fällen stehen die Archivmaterialien in enger Verbindung zu Objekten des Deutschen Museums.

Zeitlich reichen die Archivalien vom 13. Jahrhundert bis in die Gegenwart. Wohl singulär in der deutschen Archivlandschaft ist, dass nahezu alle Dokumente als Stiftungen in das Museum kamen. Sie in der Gegenwart für den Benutzer zu erschließen und für die Zukunft zu bewahren – das ist die Kernaufgabe des Archivs. Dafür werden geeignete Verzeichnungsmethoden und modernste konservatorische Mittel eingesetzt.

wf/em

»Schätze bergen!« war das Motto Wilhelm Bauers (1822–1875), als er 1857 eine spezielle Hebevorrichtung für das gesunkene Dampfschiff »Ludwig« entwickelte. Berühmtheit erlangte er als Erbauer des ersten Unterseeboots.

Wilhelm Bauer
Submarine Ingenieur
St Petersburg

Ein Beispiel der thematischen Karten ist die »Gebürgs Karte von Baiern und der Oberen Pfalz« von 1792, die älteste geologische Karte Bayerns. Der Autor Mathias von Flurl (1756–1823) schuf eine Systematik der Geologie in acht Gesteinsarten.

Nobelpreisträger unter sich:
Das Archiv verwahrt zahlreiche Nachlässe und Handschriften, darunter die vieler Nobelpreisträger. Nobelurkunde und -medaille für den Physiker Ferdinand Braun (1850–1918) gehören zu den Highlights der Bestände.

In seinem Brief an Ernst Mach (1838–1916) vom Juni 1913 klagt Albert Einstein (1879–1955) über die »unendliche Mühe« bei seinen Arbeiten zu Relativität und Gravitation.

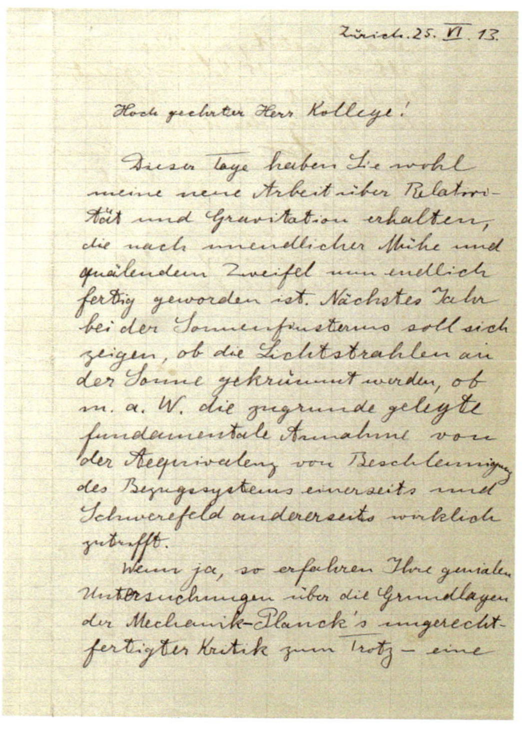

Zürich. 25. VI. 13.

Hoch geehrter Herr Kollege!

Dieser Tage haben Sie wohl meine neue Arbeit über Relativität und Gravitation erhalten, die nach unendlicher Mühe und quälendem Zweifel nun endlich fertig geworden ist. Nächstes Jahr bei der Sonnenfinsternis soll sich zeigen, ob die Lichtstrahlen an der Sonne gekrümmt werden, ob m. a. W. die zugrunde gelegte fundamentale Annahme von der Aequivalenz von Beschleunigung des Bezugssystems einerseits und Schwerefeld andererseits wirklich zutrifft.

Wenn ja, so erfahren Ihre genialen Untersuchungen über die Grundlagen der Mechanik – Planck's ungerechtfertigter Kritik zum Trotz – eine

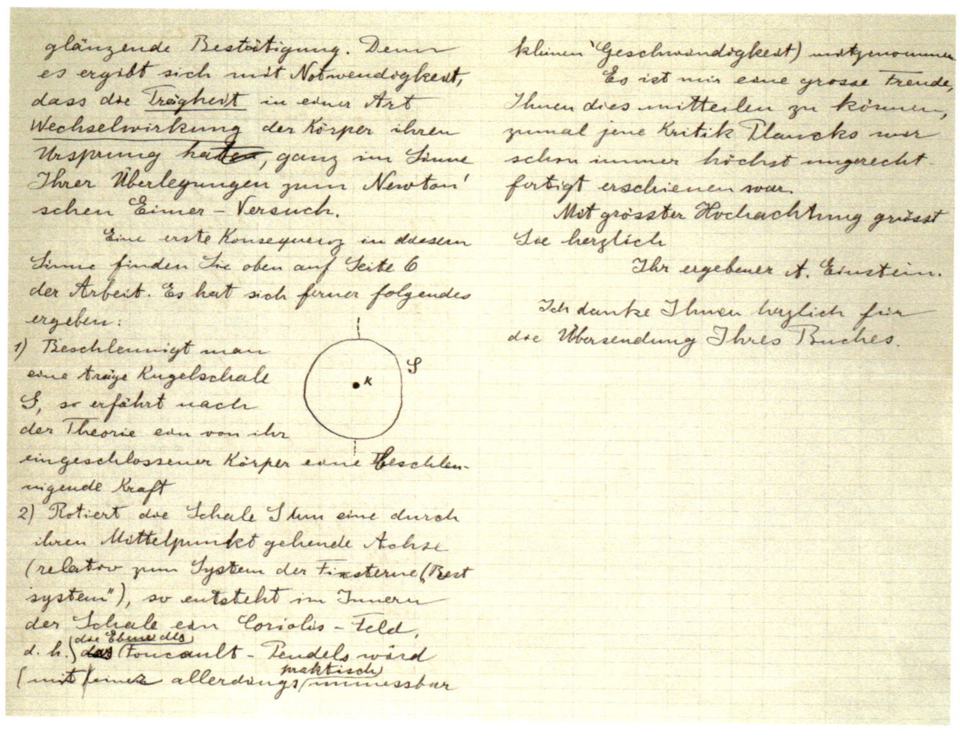

glänzende Bestätigung. Denn es ergibt sich mit Notwendigkeit, dass die Trägheit in einer Art Wechselwirkung der Körper ihren Ursprung habe, ganz im Sinne Ihrer Überlegungen zum Newton'schen Eimer-Versuch.

Eine erste Konsequenz in diesem Sinne finden Sie oben auf Seite 6 der Arbeit. Es hat sich ferner folgendes ergeben:

1) Beschleunigt man eine träge Kugelschale S, so erfährt nach der Theorie ein von ihr eingeschlossener Körper eine beschleunigende Kraft.

2) Rotiert die Schale S um eine durch ihren Mittelpunkt gehende Achse (relativ zum System der Fixsterne („Restsystem"), so entsteht im Innern der Schale ein Coriolis-Feld, d. h. die Ebene des Foucault-Pendels wird (mit einer allerdings praktisch unmessbar kleinen Geschwindigkeit) mitgenommen.

Es ist mir eine grosse Freude, Ihnen dies mitteilen zu können, zumal jene Kritik Plancks mir schon immer höchst ungerechtfertigt erschienen war.

Mit grösster Hochachtung grüsst Sie herzlich

Ihr ergebener A. Einstein.

Ich danke Ihnen herzlich für die Übersendung Ihres Buches.

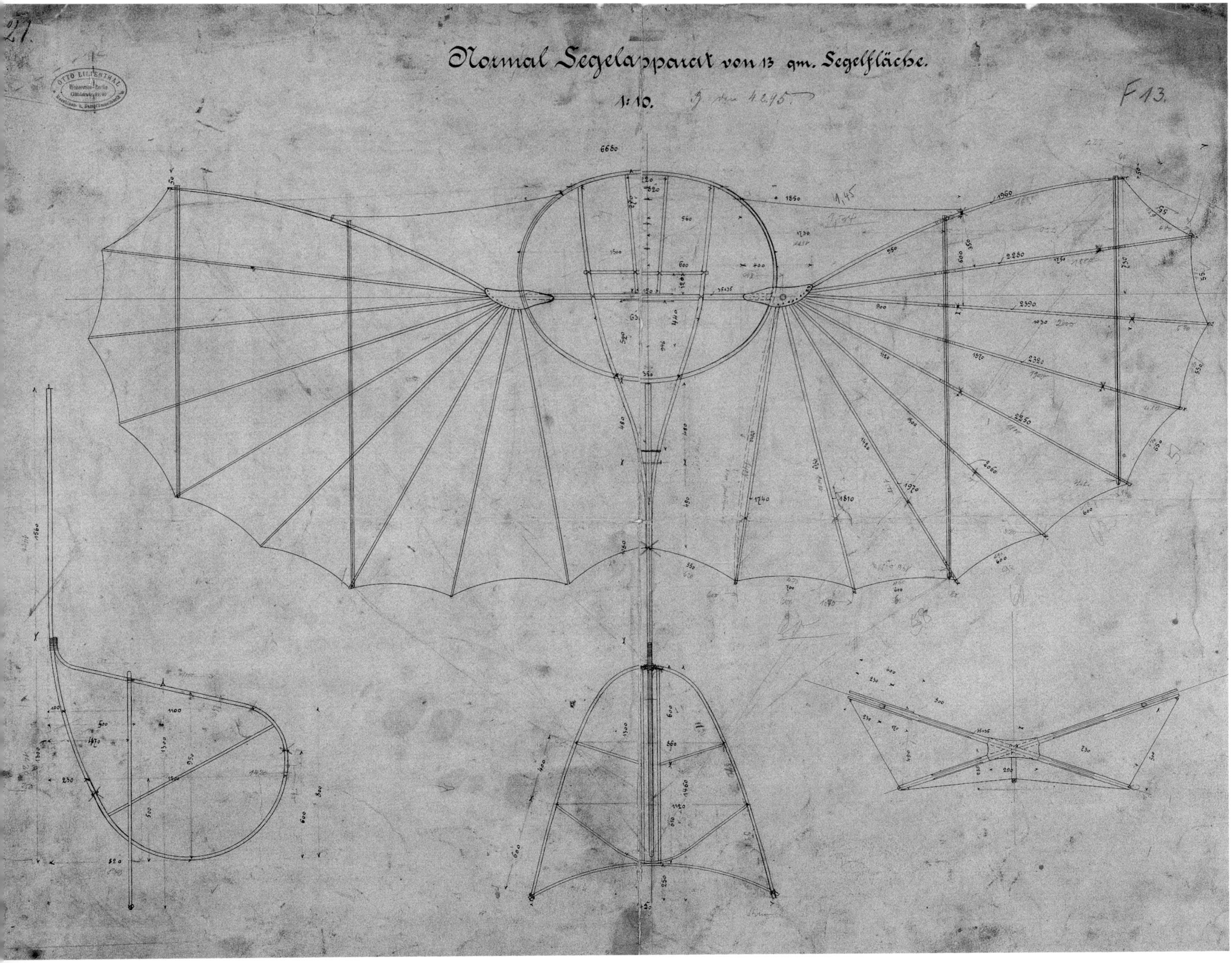

Der Traum vom Fliegen: Die Leistungen Otto Lilienthals (1848–1896) markieren den Beginn des Menschenflugs. Er konstruierte verschiedene Flugapparate sowie Gleiter und unternahm mehr als 2.000 Gleitflüge bis zu 250 Meter. Der Normal-Segelapparat von 1895 gilt als seine bedeutendste Konstruktion.

Anfänge der Fotografie: Carl August von Steinheils (1801–1870) Aufnahme von der Neuhauser Straße in München zählt zu den ältesten Fotografien Deutschlands (ca. 1839/40). Sie zählt zu den wichtigsten Stücken des Bildarchivs.

Public Understanding of Science: Wohl als erste außeruniversitäre Vereinigung bemühte sich die Gesellschaft Deutscher Naturforscher und Ärzte (GDNÄ, gegründet 1822) um eine allgemeinverständliche Darstellung wissenschaftlicher Inhalte und um interdisziplinären Austausch. Auf den regelmäßigen Versammlungen – hier München 1899 – referierten die bedeutendsten Wissenschaftler ihrer Zeit.

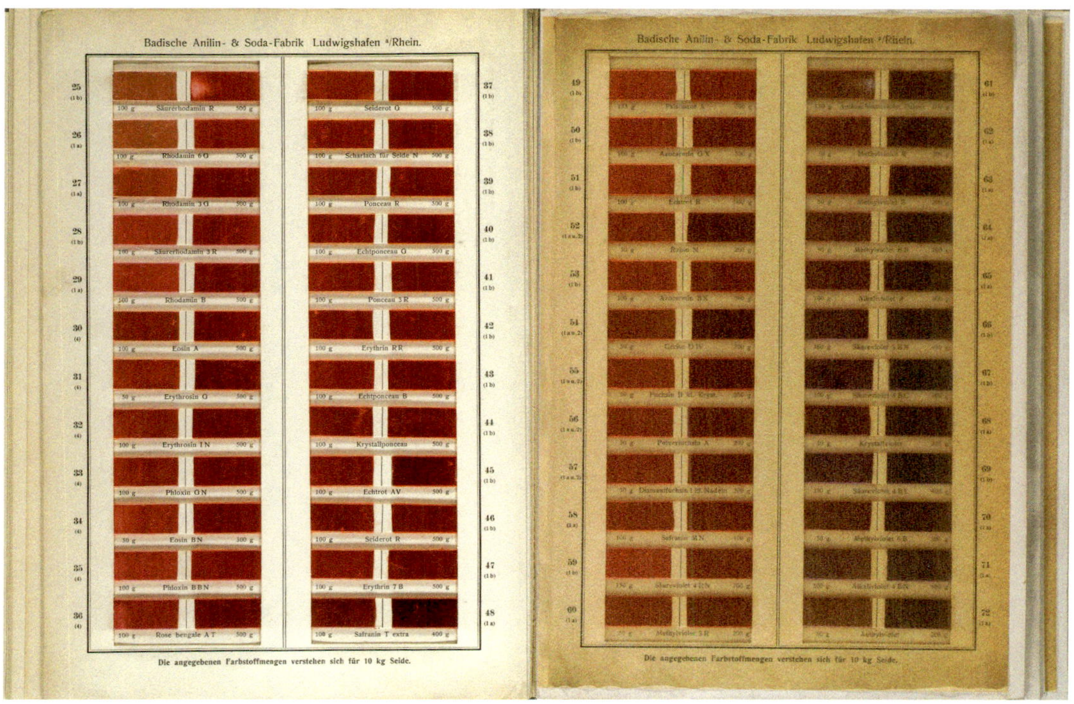

Das Farbmusterbuch der BASF von 1928 ist ein Beispiel aus der umfangreichen Firmenschriften-Sammlung. Es enthält über hundert Proben von Anilin- und Alizarinfarben auf Seide. Bis heute bestechen die Farbqualität, die hohe Brillanz und große Farbechtheit.

Bibliothek

Die Sammlung der Bibliothek des Deutschen Museums spiegelt die Entwicklung der naturwissenschaftlich-technischen Literatur seit Beginn des Buchdrucks in ihrer gesamten Breite wider. Die klassischen Werke von Kepler, Newton oder Einstein sind hier ebenso vorhanden wie seltene populärwissenschaftliche Werke. Neben der in Fachkreisen legendären Ruf genießenden Sammlung »Libri rari« mit Büchern des 17. und 18. Jahrhunderts besitzt die Bibliothek vor allem auch eine hochkarätige Sammlung naturwissenschaftlich-technischer Literatur des 19. und 20. Jahrhunderts. Ein großer Teil der vorhandenen Bücher ist nur noch in der Bibliothek des Deutschen Museums zu finden. Gewachsen ist diese mit der Museumsgründung 1903 eingerichtete Bibliothek nicht zuletzt durch die großzügigen Stiftungen von Privatpersonen und Verlagen. Teilweise wurden ganze Bibliotheken von Institutionen und Wissenschaftlern übernommen. Über ein Jahrhundert hin ist auf diese Weise eine vom Krieg unbeschadete Forschungsbibliothek für Naturwissenschafts- und Technikgeschichte entstanden. Gesammelt werden heute vor allem Literatur zur Geschichte von Naturwissenschaften und Technik sowie naturwissenschaftlich-technische Grundlagenwerke.

Ein Freihandbestand von 25.000 Bänden zu Naturwissenschaften, Technik und deren Geschichte ist in den beiden Lesesälen zu finden. 1932 eröffnet, bieten sie rund 150 Besuchern Platz. Sie gehören zu den wenigen noch erhaltenen Beispielen der Bibliotheksarchitektur der Zwischenkriegszeit. Vorbilder in den USA haben ihre Gestaltung wesentlich beeinflusst.

Bibliothek

Die Bibliothek ist für Naturwissenschafts- und Technikhistoriker ein Eldorado: Sie verfügt über eine der weltweit bedeutendsten Sammlungen wertvoller älterer naturwissenschaftlich-technischer Literatur.

Mit einem Bestand von gegenwärtig ca. 900.000 Bänden zählt die Bibliothek zu den größten naturwissenschaftlich-technischen Bibliotheken im deutschen Kulturraum und ist gleichzeitig Deutschlands größte Museumsbibliothek. Weltweit gilt sie als die größte Spezialbibliothek für Naturwissenschafts- und Technikgeschichte. Neben Monographien und rund 20.000 Periodika, von denen etwa 3.500 aktuell bezogen werden, verfügt die Bibliothek auch über eine umfangreiche Sammlung deutscher und ausländischer Patentschriften.

Mit ihrem breit angelegten historischen Bestand bietet die Bibliothek Wissenschaftlern für naturwissenschafts- und technikgeschichtliche, aber auch für kultur- sowie wirtschaftshistorische Forschungen eine Fülle an Quellenmaterial. Doch wendet sich die Bibliothek, wie es Oskar von Millers Ziel war, auch weiterhin an das breite Publikum, das sich über aktuelle Entwicklungen in Naturwissenschaften und Technik ein Bild machen möchte. Sie leistet auf diese Weise einen wichtigen Beitrag zum Bildungsauftrag des Deutschen Museums. Um möglichst vielen Menschen den Besuch der Bibliothek zu ermöglichen, ist diese wie das Museum selbst auch am Wochenende geöffnet. Ob Wissenschaftler, Hobbyforscher, Studenten oder naturwissenschaftlich-technische Laien: Wer einmal die Bibliothek des Deutschen Museums für sich entdeckt hat, kommt immer wieder gerne hierher zurück. Nicht unwesentlich zum Charme dieser Bibliothek tragen die beiden Lesesäle bei – Musterbeispiele für die Bibliotheksarchitektur der Zwischenkriegszeit.

Die Bibliothek hat seit ihrer Gründung ihre Bestände intensiv erschlossen. Neben Büchern sind in den Katalogen auch Zeitschriftenaufsätze zu finden. Ein nicht unerheblicher Teil der Kataloge kann heute bereits über das Internet recherchiert werden. Ziel der kommenden Jahre ist es, auch den übrigen Bestand auf diese Weise dem Publikum zur Verfügung zu stellen. *hh*

Culinary Chemistry,
EXHIBITING
THE
SCIENTIFIC PRINCIPLES
OF
COOKERY,
WITH CONCISE INSTRUCTIONS FOR PREPARING GOOD AND WHOLESOME
PICKLES, VINEGAR, CONSERVES, FRUIT JELLIES,
MARMALADES,
AND VARIOUS OTHER ALIMENTARY SUBSTANCES EMPLOYED
IN
Domestic Economy,
WITH OBSERVATIONS ON THE CHEMICAL CONSTITUTION AND NUTRITIVE
QUALITIES OF DIFFERENT KINDS OF FOOD.
WITH COPPER PLATES.

BY FREDRICK ACCUM,
Operative Chemist, Lecturer on Practical Chemistry, on Mineralogy, and on Chemistry applied to the Arts and Manufactures; Member of the Royal Irish Academy; Fellow of the Linnæan Society; Member of the Royal Academy of Sciences, and of the Royal Society of Arts Berlin &c. &c.
London:
PUBLISHED BY R. ACKERMANN, 101, STRAND;
1821.

Johann Wilhelm Weinmanns 1737 bis 1745 veröffentlichte »Phythanthoza Iconographia« würden die wenigsten im Deutschen Museum vermuten. Die Bibliothek besitzt eine gut bestückte Sammlung älterer botanischer Literatur.

Die frühneuzeitlichen Maschinenbücher gehören zu den Glanzstücken der Sammlung »Libri rari«. Die Abbildung ist Fausto Veranzios »Machinae novae« entnommen, erschienen in Venedig um 1600.

Gewerbe- und Industrieausstellungen spiegeln die Geschichte von Industrie und Technik wider. Oskar von Miller gaben sie zahlreiche Anregungen für die Gestaltung der Ausstellungen im Deutschen Museum.

Bibliothek

Die Bibliothek sollte ursprünglich die Rolle einer deutschen Zentralbibliothek für Technik, Mathematik und Naturwissenschaften übernehmen; entsprechend großzügig wurden ihre Magazine angelegt, die einer Million Büchern Platz bieten.

Wie in vielen traditionsreichen Bibliotheken findet sich auch im Deutschen Museum ein Nebeneinander von Zettelkatalogen und Computer-Arbeitsplätzen. Schrittweise erfolgt die Einarbeitung der Bestände in die auch über das Internet zur Verfügung stehenden EDV-Kataloge.

Das Museum und seine Besucher

Georg Kerschensteiner, 1854–1932.

Das Deutsche Museum verstand sich von Anfang an als eine Bildungsanstalt und wurde in seiner didaktischen Konzeption maßgeblich von Georg Kerschensteiner beeinflusst. Er legte den Grundstein für eine bis heute publikumswirksame Institution mit jährlich mehr als einer Million Besuchern. Einen Blick hinter diese Besuchszahlen erlaubt eine 1999 und 2000 durchgeführte Besucherstrukturanalyse: Ein gutes Drittel der Befragten kommt aus München und Bayern, nahezu die Hälfte aus Deutschland und alle anderen aus dem Ausland.

Seit der Eröffnung auf der Kohleninsel hat das Deutsche Museum besucherorientierten Programmen wie Vorführungen, Führungen, Inszenierungen und interaktiven Exponaten weitere Elemente hinzugefügt. Heute erwartet den Besucher eine breite Palette an Bildungsangeboten, die dazu beitragen, das Museum für Laien zu erschließen: Kinder können beispielsweise an Ferienprogrammen teilnehmen und in der Adventszeit auf die Objekte zugeschnittene Märchenveranstaltungen besuchen. Abendveranstaltungen mit namhaften Fachleuten werden für alle an Wissenschaft und Technik Interessierten durchgeführt, und ein Kulturprogramm mit besonderen Theateraufführungen sowie Ausstellungen schlägt eine Brücke zur Kunst. Die Fülle der Angebote schließt besondere Aktivitäten für Frauen, Senioren oder Freizeitgruppen ein. Neben dem selbstverständlichen Service an Programmen und Materialien für Schulklassen gibt es darüber hinaus eine besondere Einrichtung: das 1976 gegründete Kerschensteiner Kolleg. Mit eigenem Hotelbetrieb und Arbeitsräumen veranstaltet es mehrtägige Seminare, Bildungswochenenden oder Tagungen für Gruppen, vorwiegend zu interdisziplinären Themen, die eigenes Fachwissen erweitern oder es in größere Zusammenhänge einordnen sollen. *anr*

Seminare Im Kerschensteiner Kolleg setzen sich Studiengruppen intensiv mit den Ausstellungen des Museums auseinander. Die Seminarprogramme werden auf individuelle Wünsche abgestimmt. Die Teilnehmer wohnen und arbeiten im Museum.

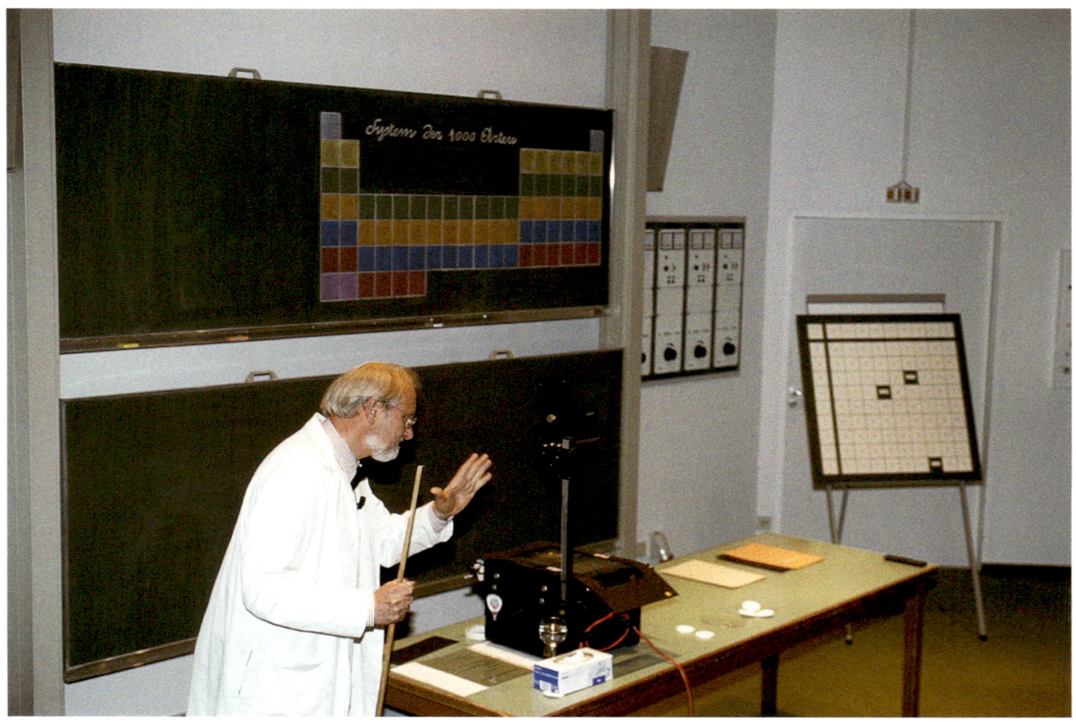

Programme Theatertage im Deutschen Museum, Märchen im Museum für Kinder, Tanzperformances oder Kabarett verbinden Kunst und Poesie mit Naturwissenschaft und Technik. Andere thematische Brücken sind auf bestimmte Zielgruppen zugeschnitten und ergänzen die klassischen Führungsangebote.

Experimente Modelle, Texte, Bilder – klassische Vermittlungsformen im Deutschen Museum ziehen noch heute Besucher in ihren Bann und bieten eine verständliche Einführung in naturwissenschaftliche und technische Prinzipien. Inzwischen bilden sie, ergänzt durch Neue Medien, eine ideale Grundlage für Animation, Quizspiele oder vertiefende Informationen.

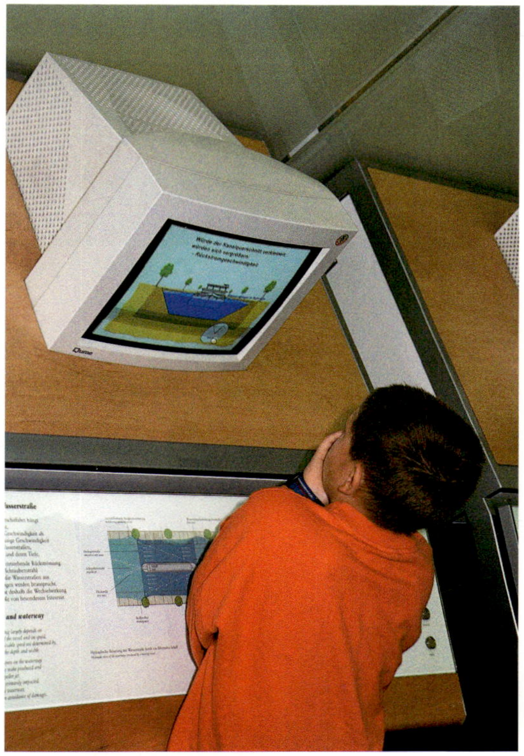

SILJA LINE

Vorführungen zählen nach wie vor zu den besonderen Attraktionen des Deutschen Museums. Sie bieten ein einzigartiges Spektrum aus Handwerk, Industrie und Naturwissenschaft. Unsichtbares wird sichtbar, wie beispielsweise beim Rasterelektronenmikroskop oder im Besucherlabor.

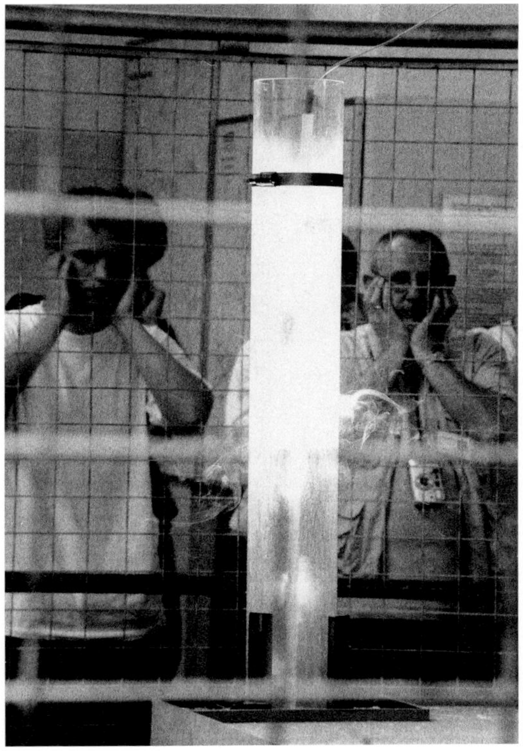

NATURWISSENSCHAFT

Während die Philosophen in der Antike versuchten, die Natur mittels logischer Schlussfolgerungen zu ergründen, setzt man seit der Renaissance das Instrument des praktischen Experimentes ein. Dabei werden gezielt Fragen an einzelne Bereiche der Natur gestellt. Das allmähliche Zusammenspiel von experimentellen Ergebnissen und Mathematik verdichtete sich schließlich zu den »Naturwissenschaften«: Astronomie, Physik, Chemie, Biologie etc. entstanden.

Immer präzisere Methoden wurden geschaffen, um in Bereiche der Natur einzudringen, die unseren Sinnen nicht direkt zugänglich sind. Die gewonnenen Erkenntnisse nützt der Mensch, um sein Leben zu erleichtern. Die exakten Naturwissenschaften und deren Methodik wurden das Fundament der Industrienationen und ermöglichen erst die hohe Bevölkerungsdichte der Welt.

Die Naturwissenschaften haben aber auch Rückwirkungen auf das Weltbild des Menschen. Glaubte er sich noch im Mittelalter als Krone der Schöpfung und Mittelpunkt eines festen und ewigen Universums, sind spätestens seit der Aufklärung des 18. Jahrhunderts religiös-metaphysische Welterklärungsversuche auf dem Rückzug.

Die Naturwissenschaften haben tiefe Einblicke in Aufbau und Geschichte des Universums und die Welt der Elementarteilchen gegeben. Dennoch bleibt vieles geheimnisvoll, entzieht sich zunehmend unserer Alltagsanschauung. Mit immer präziseren Messmethoden erschließen sich auch neue Rätsel. *ab*

Wie die Zeit
How time flies
Hoch im Turm
Towering High

Geodäsie
Surveying and Mapping

LIEBIG - LABORATORIUM

Physik

»Gebt mir einen (festen) Punkt,
an dem ich stehen kann,
und ich will die Erde
aus den Angeln heben.«

Rittersaal: Hebel, Schraube, Flaschenzug und schiefe Ebene hatten lange Zeit für die Bewältigung schwerer körperlicher Arbeit erhebliche Bedeutung. Dies führte bereits in der Antike zur Entstehung der Lehre vom Gleichgewicht: der Statik. Originale aus dem 18., 19. und 20. Jahrhundert.

Dies ist die unbescheidene Aussage des Archimedes von Syrakus (287?–212 v.Chr.). Sie findet sich in seiner Schrift »Über das Gleichgewicht von Ebenen oder über den Schwerpunkt von Ebenen«. Archimedes hatte als Erster das Hebelgesetz logisch begründet. Deshalb darf er zu den Vätern der theoretischen Mechanik gezählt werden.

Archimedes war sich der praktischen Bedeutung seiner Arbeit durchaus bewusst. Was er nicht ahnte, war die Bedeutung seiner Aussage im übertragenen Sinn für die heutige Physik. Setzt man Letztere sinngemäß anstelle des festen Punktes in Archimedes' Aussage ein, so trifft diese für die gesamte Physik zu: Sie ist das wissenschaftliche Fundament für die meisten naturwissenschaftlichen Fächer. Die Physik wies den Weg zu zahlreichen technischen Anwendungen, die unsere Welt in erheblichem Umfang verändert, den Menschen »aus den Angeln« der direkten, unmittelbaren Naturgewalten gehoben haben.

Erkenntnisse in der Physik trugen wesentlich zur Industriellen Revolution im 19. Jahrhundert und zur Technisierung der abendländischen Kultur im 20. und 21. Jahrhundert bei.

Neugierige, naturphilosophisch interessierte Menschen überschritten mit Hilfe der Physik die Grenzen der Alltagserfahrung, die unseren Sinnen direkt zugänglich ist. Auf der einen Seite lockten die »Urbausteine« der Materie, auf der anderen der Aufbau und die Entstehungsgeschichte des Weltalls. Das eine Gebiet versuchten die Elementarteilchenphysiker, das andere die Astrophysiker zu verstehen. Überraschend begegneten sich diese beiden in so unterschiedliche Dimensionen vorstoßenden Bereiche der Physik: Ohne die Ergebnisse der Elementarteilchenphysik wären weder die Entstehung des Weltalls noch dessen Aufbau im Detail zu verstehen.

Heute ist die Physik nicht mehr – wie in ihrer Anfangszeit – auf die Leistungen einzelner Forscher beschränkt. Es sind meist Forscherteams, die an Großanlagen neues Wissen gewinnen. Mit der zunehmenden Umsetzung physikali-

Die Hebkunst lehrt, wie leichter dingen, Auch schwere Läst sind fortzubringen.

Originalluftpumpe und Halbkugeln von Otto von Guericke, um 1663.
Mitte des 17. Jahrhunderts, während des Dreißigjährigen Krieges, widerlegte der Magdeburger Bürgermeister Otto von Guericke erstmals die damals verbreitete Ansicht, dass die Natur »Angst vor dem Vakuum« hat.

scher Erkenntnisse in praktische Anwendungen hat die Physik unser heutiges Leben revolutioniert. Leistungen der Physik machten ungeahnte Besiedlungsdichten möglich, beschworen aber auch das Gespenst einer schnellen Selbstzerstörung der Menschheit herauf.

Die Physik rückte daher zunehmend ins Rampenlicht. Die weitreichenden Ergebnisse physikalischer Forschung sowie die Ambivalenz mancher Resultate beschäftigte nicht nur die Physiker und Politiker, sondern regten auch Literaten zur Auseinandersetzung mit diesem Thema an. Das Drama »Die Physiker« von Friedrich Dürrenmatt, 1962 geschrieben, mag als bekanntestes Beispiel genügen.

Das Deutsche Museum widmete den physikalischen Fachgebieten von Beginn an einen breiten Raum: Unter 36 Fachgebieten, in die das Museum anfangs gegliedert war, trafen 11 auf Physik, Astronomie, Mathematik und Geodäsie zu, nicht zu vergessen die Musik, welche dem antiken Kanon gemäß zur Gründungszeit noch zur Physik gerechnet wurde.

Die Ausstellung konnte infolge ihres Themenumfangs nicht in einem Schritt verwirklicht werden. Sie wuchs ab 1905 kontinuierlich durch den Zugang zahlreicher wertvoller historischer Originalobjekte und den stetigen Ausbau von Demonstrationen. Letzteren kam eine besondere Bedeutung zu, wenn man bedenkt, dass zu jener Zeit das Schulwesen nur in geringem Umfang »polytechnischen« Unterricht bot. Die Ausstellungen befanden sich lange Jahre teils im Provisorium des alten Gebäudes des Bayerischen Nationalmuseums, teils in der Kaserne auf der Museumsinsel. Nach Fertigstellung des Museumsbaus im Jahre 1925 fand die Physik ihre endgültige Heimat auf der Museumsinsel.

Die letzte vor dem Zweiten Weltkrieg fertiggestellte Ausstellungsgruppe ging aus einer »Fernseh-Sonderschau« hervor.

Fortsetzung Seite 104

Dieser elektrische Experimentier-Tisch wurde um 1824 nach Angaben von André Maria Ampère von dem Pariser Ingenieur Hippolyte Pixii in mehreren Exemplaren gebaut. Eines davon erwarb die Bayerische Akademie der Wissenschaften.

Mit »Fallmaschinen« wurde das Fallgesetz demonstriert. Dieses Instrument stellte Johann Anton Wisenpaintner 1795 in Eichstätt her.

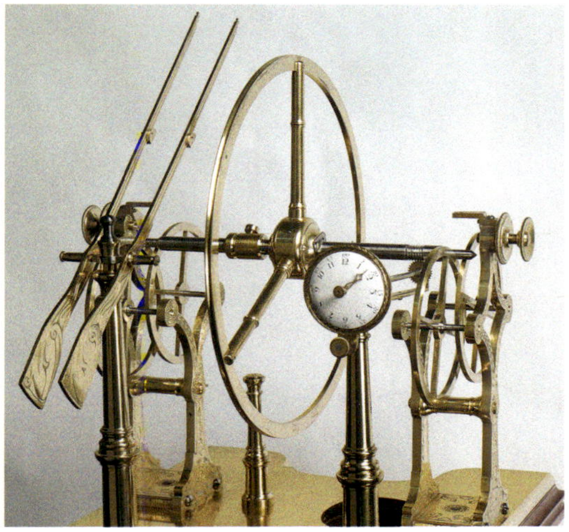

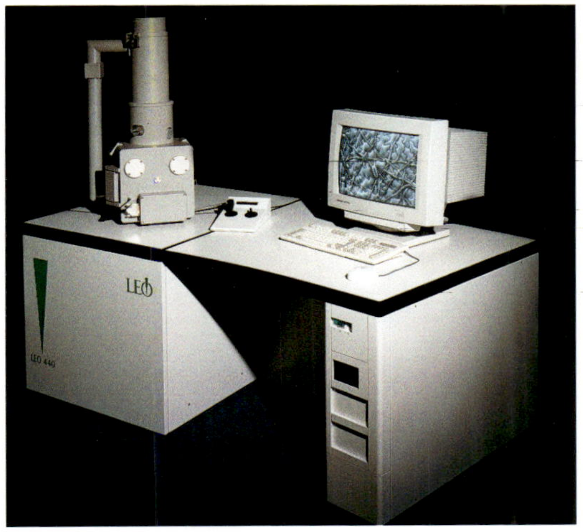

Die Vorführungen am Rasterelektronenmikroskop 440 i von LEO sind eine ganz besondere Attraktion in der Abteilung Optik. Die Bilder – in bis zu 100.000facher Vergrößerung – bestechen durch ihre außergewöhnliche Plastizität. An ausgewählten Objekten aus den Bereichen Biologie, Mineralogie, Geopaläontologie, Biotechnik und Mikrotechnik werden einige Einsatzmöglichkeiten dieses Forschungsinstruments gezeigt.

Nachbau eines Perpetuum Mobile nach Leonardo da Vinci, 19. Jahrhundert.

Drehspiegel zur Zerlegung des elektrischen Funkens von Heinrich Hertz (1886/88).

Physik

Zwei originale Mikroskope des Antoni van Leeuwenhoek aus Delft. Autodidakt und trotzdem Mitglied der erlauchten Royal Society in London, machte er im 17. Jahrhundert sensationelle Entdeckungen. Leeuwenhoek untersuchte z. B. als Erster den Samen des Menschen und weiterer Lebewesen. Er konfrontierte seine Zeitgenossen mit der Tatsache, dass sich der Mechanismus der menschlichen Fortpflanzung in nichts von dem der Flöhe unterscheidet.

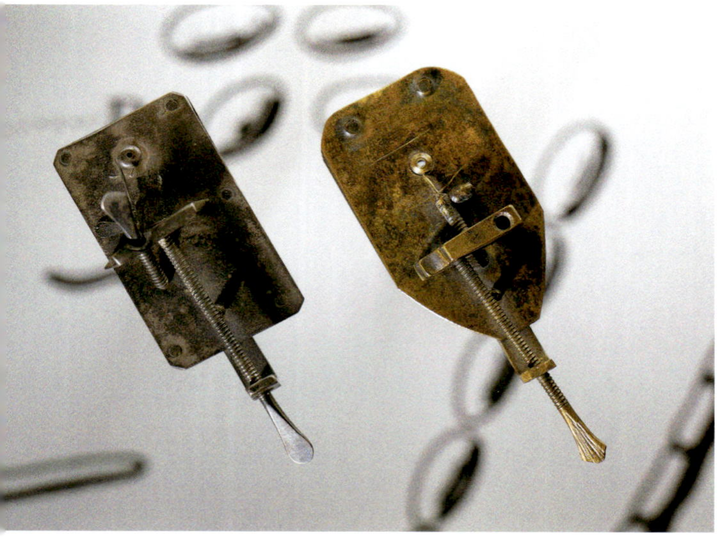

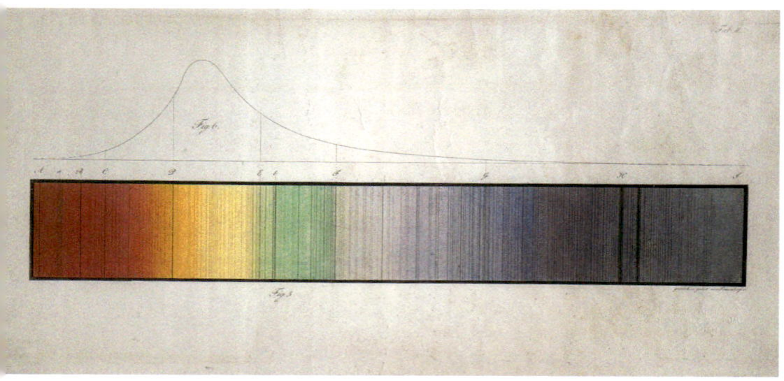

Sonnenspektrum mit dunklen Absorptionslinien. Originalzeichnung von Joseph von Fraunhofer, um 1814. Fraunhofer entdeckte die nach ihm benannten Linien. Mit ihnen konnte er erstmals das Brechungsvermögen von Glas für verschiedene Lichtfarben messen.

Dass Mikroskope im 18. Jahrhundert auch Statussymbole waren, zeigt dieses von Merkur getragene Instrument. Es dominiert die künstlerische Gestaltung, die Funktion rückt in den Hintergrund.

Hermann von Helmholtz konnte mit diesem von ihm im Jahre 1850 erfundenen Augenspiegel erstmals den Blick in das Innere eines lebenden Auges werfen. Der Augenspiegel wurde in der Folgezeit das wichtigste Instrument des Augenarztes.

Nachbau des ersten Rastertunnelmikroskops, für das Gerd Binnig und Ernst Rohrer 1986 den Nobelpreis für Physik erhielten. Dieses Mikroskop und das nach diesem Prinzip entwickelte Rasterkraftmikroskop sind heute unentbehrliche Werkzeuge der Nanotechnologie. Mit ihnen lassen sich sogar einzelne Atome manipulieren.

Diese Aufnahme mit dem Rastermikroskop aus dem Jahr 1999 zeigt eine Ameise mit einem mikrotechnischen Planetengetriebe des Institutes für Mikrotechnik Mainz.

Physik

Mit dieser Anordnung untersuchten Max von Laue, Walther Friedrich und Paul Knipping im Jahre 1912 Kristalle mit Röntgenstrahlung. Dabei konnten sie zum ersten Mal zeigen, dass Kristalle aus einer regelmäßigen Anordnung kleinster Bausteine bestehen und dass Röntgenstrahlung elektromagnetische Strahlung sehr kurzer Wellenlänge ist. Dies war auch die Geburtsstunde der Röntgenstrukturanalyse.

Nach den Zerstörungen des Zweiten Weltkrieges konnten bereits 1948 etliche Räume der Physik dem Publikum wieder zugänglich gemacht werden. Wiederum wurde die Physik stetig erweitert und überarbeitet. Schließlich kamen 1989 die Optik und 2001 die überarbeitete Atomphysikausstellung hinzu. Parallel zu den sich ausweitenden Anwendungsgebieten wurden entsprechende Bereiche aus der Physik als eigenständige Fachgebiete ausgegliedert, beispielsweise die Telekommunikation, die Astronomie, die Astrophysik und die Musik.

Heute zeigt die Physikausstellung neben etwa 450 Demonstrationen zahlreiche Originalgeräte, u.a. die erste Luftpumpe und die Magdeburger Halbkugeln Otto von Guerickes, den ersten Sender und Empfänger von Heinrich Hertz, die Röhren von Wilhelm Conrad Röntgen, Originale von Max von Laue, Lise Meitner, das erste Rastertunnelmikroskop von Gerd Binning und Heinrich Rohrer. Diese Namen zeigen, dass sich unter den Schätzen der Physiksammlung auch eine beträchtliche Zahl Originalgeräte von Nobelpreisträgern befindet.

Die Physikausstellung bietet dem Besucher einen Überblick über das gesamte Spektrum des Fachs, von der Mechanik bis zur Atomphysik. Die Lebendigkeit der Ausstellung wird durch eine Kombination von bedeutenden Originalgeräten und Nachbildungen, besonders aber durch mehr als 450 Demonstrationen erreicht. Letztere werden zunehmend mit neuester Technologie ausgeführt, um den Wartungsaufwand so gering wie möglich zu halten. Computersimulationen von wichtigen Naturgesetzen werden ebenso einbezogen wie die Vernetzung der Ausstellung mit Forschungsinstituten.

Auf diese Weise zeigt die Ausstellung wichtige Entwicklungsschritte in den verschiedenen Bereichen der Physik und regt gleichzeitig zum Selbstexperimentieren an. Eine gerne angenommene Ergänzung sind spezielle Vorführungen, z.B. im Bereich tiefer Temperaturen oder in der Mikroskopie. In Ersterem wird u.a. das Phänomen der Supraleitung, in Letzterem ein Zugang zur Nanotechnologie gezeigt.

Attraktiv sind auch historische Inszenierungen. So wird etwa Galileo Galilei (1564–1642) als Begründer der modernen Physik durch die Nachbildung seines Arbeitszimmers gewürdigt. Gelegentliche Theateraufführungen in diesem Raum bieten dem Zuschauer Zugang zu dieser für die Entstehung der modernen Physik so bedeutenden Zeit. *ab*

Ein Blick in den Ausstellungsbereich »Elementarteilchenphysik«. An der Decke ist das acht Tonnen schwere, geöffnete supraleitende Zyklotron »Tritron« aufgehängt. Es wurde bis 1996 im Beschleunigerlabor der beiden Münchener Universitäten entwickelt und vermittelt einen Eindruck davon, wie komplex Beschleunigeranlagen sind.

Musik

»Das Magazin […] bot einen herrlichen, lockenden, ich möchte sagen: kulturell bezaubernden Anblick, der die akustische Phantasie zu einem gewissen inneren Brausen aufregte. [Es] war dort alles ausgebreitet, was da klingt und singt, was näselt, schmettert, brummt, rasselt und dröhnt. […] Man wird die magische Anziehungskraft begreifen, die des Oheims Handelsräume, dies Paradies schweigenden, aber in hundert Formen sich ankündigenden Wohllauts, auf uns Knaben ausübte.«

Thomas Mann, Doktor Faustus

Vom Nachbau einer germanischen Lure bis zu elektronischen Instrumenten der Gegenwart reicht die Bandbreite der Ausstellung von Musikinstrumenten.

Eine Sammlung von Musikinstrumenten war bereits im ersten Ausstellungskonzept des Deutschen Museums aus dem Jahr 1903 vorgesehen. Als »Technische Akustik« zeigte sie die praktische Anwendung der akustischen Gesetze im Instrumentenbau und die technische Entwicklung der Instrumente von der Frühzeit bis zur Gegenwart.

Im Sammlungsbau auf der Museumsinsel entwarf Emanuel von Seidl für die Musikinstrumente einen Saal in historisierendem Stil, der in modifizierter Form bis heute das Zentrum der Ausstellung bildet. 1994 wurden eigene Räume für selbstspielende und elektronische Musikinstrumente sowie Experimente zur musikalischen Akustik geschaffen und die Ausstellung so auf sechs Räume erweitert.

Im Mittelpunkt der Ausstellung steht die Entwicklung der Musikinstrumente von ihren frühen Formen bis zur Gegenwart. Die Instrumente werden systematisch nach der Art der Tonerzeugung präsentiert, innerhalb dieser Gruppen jeweils in chronologischer Folge.

Der Musiksaal vor dem Zweiten Weltkrieg.

Der Saal der Saiten-, Blas- und Schlaginstrumente nach der Umgestaltung 1998.

Musik

Die Sammlung umfasst heute etwa 1.800 Instrumente und mehrere tausend Programmträger für selbstspielende Musikinstrumente, darunter einige besonders berühmte Exemplare.

Ein Cembalo von Franciscus Patavinus (Venedig 1561), die Orgel aus der Wallfahrtskirche Maria Thalkirchen (1630) und eine Tenor-Posaune von Hanns Doll (Nürnberg 1638) gehören ebenso dazu wie das Belloneon der Dresdner Familie Kaufmann und der »Zwitscherautomat« von Bontems (Paris, zweite Hälfte 19. Jahrhundert), das Siemens-Studio für elektronische Musik (1958–60) und eine nach barocken Vorbildern gestaltete Orgel von Jürgen Ahrend (Leer 1995).

Die Sammlung von Originalen wird durch Nachbauten nur bildlich überlieferter Instrumente und Kopien berühmter Originalinstrumente ergänzt.

Tenor-Posaune von Hanns Doll, Nürnberg 1638.

Detail des Cembalos von Franciscus Patavinus, Venedig 1561.

Detail aus der Orgel der Wallfahrtskirche Maria Thalkirchen bei München, 1630.

Detail des »Zwitscherautomaten« von Bontems, Paris, zweite Hälfte 19. Jahrhundert.

Siemens-Studio für elektronische Musik, Siemens AG, München 1958–60.

Musik

Die Ausstellung zeigt die Bau- und Funktionsweise der Instrumente. Modelle von Klaviermechaniken, Ventilsystemen, selbstspielenden Musikinstrumenten sowie durch abnehmbare Teile oder Schnitte »durchschaubare« Instrumente veranschaulichen funktionale und technische Abläufe. Grifftabellen und Instrumentalschulen dokumentieren Spielweise und Verwendung. Zudem können Gesetzmäßigkeiten der Akustik an Experimenten selbst entdeckt werden.

In täglichen Führungen werden Instrumente erläutert und, soweit dies konservatorisch zu verantworten ist, auch gespielt. In den Wintermonaten finden zudem Orgelkonzerte und Matineen mit namhaften Musikern statt, bei denen einzelne Instrumente, bestimmte Themen oder selten zu hörendes Repertoire vorgestellt werden. *sb*

Bei den Konzerten in der Musikinstrumenten-Ausstellung werden auch die Orgeln der Sammlung, wie die aus der Wallfahrtskirche Maria Thalkirchen bei München und die Abend-Orgel, gespielt.

Die Abdeckungen am Gehäuse der 1995 nach barocken Vorbildern von Jürgen Ahrend gebauten Orgel können geöffnet werden, um so die Funktionsweise der Traktur zu erläutern.

Mechaniken von Clavichorden, Cembali und Hammerklavieren werden durch Modelle veranschaulicht, hier die eines um 1750/70 in Deutschland gebauten aufrechten Hammerflügels.

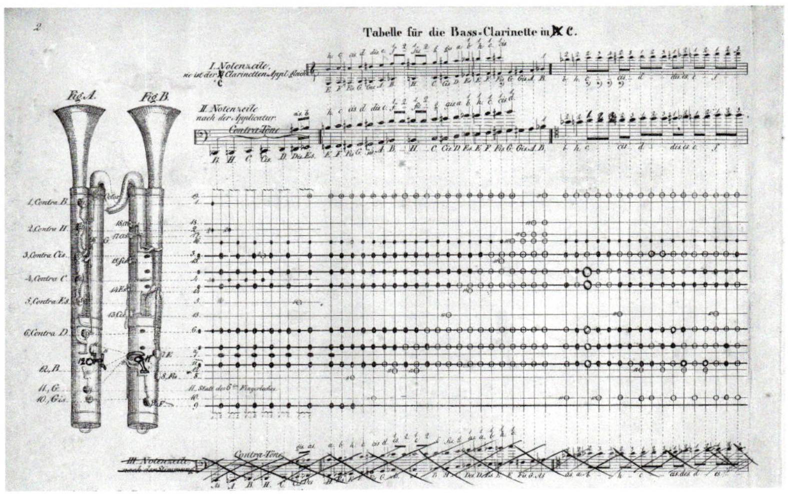

Instrumentalschulen geben Aufschluss über die Spiel- und Griffweise der Instrumente. Die 1833 in Göttingen erschienene »Anweisung, die Bassklarinette kennen und blasen zu lernen« von J. H. G. Streitwolf enthält handschriftliche Änderungen des Autors.

Astronomie

»Die Einhelligkeit, mit der die galaktischen Systeme davonlaufen, sieht fast danach aus, als hätten sie eine ausgesprochene Antipathie gegen uns. Wir begreifen nicht, warum man uns meidet, als sei unsere Insel eine Pestbeule im Universum.«

Sir Arthur Eddington, um 1920

Raumansicht der Abteilung Astronomie aus dem Jahr 2002.
Links: Heliometer von Repsold, 1889, dahinter Reflektorsegment eines Submillimeterteleskops, 1980er Jahre. Mitte: Vitrine mit historischen, astrometrischen Instrumenten. Rechts: Modell der Sternwarte des Tycho Brahe, Ende 16. Jahrhundert.

Ingenieurmodell des ersten deutschen Röntgenteleskops ROSAT. Mit dem damals weltgrößten Wolterteleskop für Röntgenstrahlung gelangen zwischen 1990 und 1999 bahnbrechende Entdeckungen am Röntgenhimmel.

Sonnenprotuberanz vom 2.8.2000. Höhe ca. 145.000 km (etwa 11,5facher Erddurchmesser), aufgenommen mit H-alpha-Filter am 300/5000 mm Zeiss-Refraktor, Sternwarte Deutsches Museum.

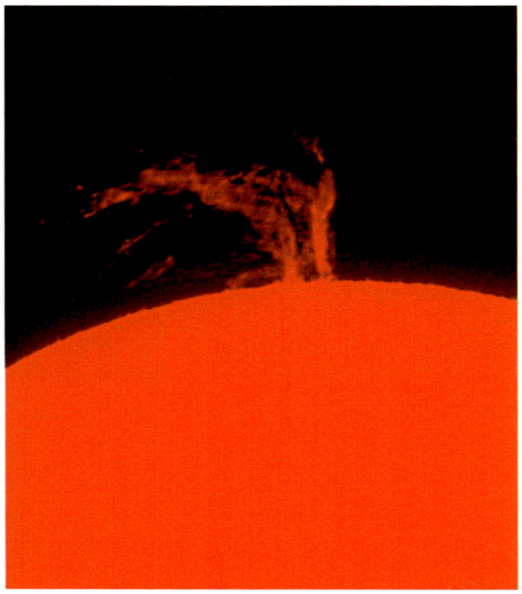

Der englische Mathematiker und Astrophysiker Eddington schreibt hier über die in den 20er Jahren entdeckte »Flucht der Galaxien«. Spektrale Messungen hatten gezeigt, dass sich alle Galaxien von uns wegbewegen. Nach unserem heutigen Weltbild liegt der Grund dafür in der Expansion des Universums. Dadurch entfernen sich alle Galaxien voneinander (nicht nur von uns). Wenn aber das Universum expandiert, stellt sich die Frage nach dem Anfang (begann alles in einem Urknall?) und dem Ende (geht die Expansion endlos weiter?). Je weiter ein kosmisches Objekt (bei den weit entfernten erkennen wir nicht mehr Einzelsterne, sondern nur noch Galaxien oder Quasare als Galaxienkerne) von uns entfernt ist, desto schneller fliegt es von uns weg und desto älter ist auch das Licht, welches von diesen Objekten heute bei uns ankommt. Der Blick in die Tiefen des Universums ist auch ein Blick zurück in die Vergangenheit, in die kosmische Kinderstube. Astrophysik ist die Physik der größten Dimensionen, höchsten Energien und Extremzustände der Materie. Sie ist für uns zum großen Teil nicht direkt durch Sinneswahrnehmung erfahrbar.

Astronomie ist aber auch Naturbeobachtung. Sie handelt von den Phänomenen des Tag- wie auch des Nachthimmels: vom Auf- und Untergang der Gestirne, der jahreszeitlichen Veränderung unseres nächtlichen Sternenhimmels, von unseren unmittelbaren Nachbarn, der Sonne, dem Erdmond, den Planeten mit ihren Monden, den Kometen, den unzähligen anderen Sternen in unserer Galaxie, der Milchstraße. Diese Phänomene und Objekte sind uns teilweise visuell zugänglich und erlebbar, auch wenn uns heute durch vielfältige zivilisatorische Einflüsse die Wahrnehmung des nächtlichen Himmels als Teil unserer natürlichen Umwelt weitgehend verloren gegangen ist.

Die Astronomie begann mit der Wahrnehmung des Nachthimmels durch den Menschen und mit dem Versuch, das Gesehene zu beschreiben und zu verstehen. Der Mensch ordnete die Gestirne in das Reich der Götter ein, den Vorgängen am Himmel sprach er schicksalhafte Bedeutung zu.

Durch intensive Beobachtungen und Messungen konnte er die Dinge näher beschreiben und astronomische Ereignisse auch vorhersagen. In verschiedenen Kulturen entstanden unterschiedliche Weltbilder.

Die Copernicanische Revolution rückte am Beginn der Neuzeit die Erde und damit den Menschen aus dem Mittelpunkt der Welt. Nun kreiste er auf dem Nebenschauplatz »Erde« mit anderen Planeten um ein neues Zentralgestirn, die Sonne.

Mitte des 19. Jahrhunderts erfuhr die Astronomie eine dramatische Erweiterung. Die bis dahin zentrale Aufgabenstellung der möglichst genauen Bestimmung der Position der Gestirne wurde erweitert durch die Untersuchung der Qualität des Sternenlichtes. Aus seiner Intensität und den spektralen Eigenschaften lassen sich Aussagen über die physikalischen Eigenschaften der Sterne, wie etwa deren Temperatur, ihre materielle Zusammensetzung, ihre Entfernung und sogar das Bewegungsverhalten machen.

Fortsetzung Seite 116

Der Perlschnureffekt, aufgenommen kurz vor dem zweiten Kontakt der Finsternis. Das Licht fällt gerade noch durch die Täler des Mondes. Die hellen Lichtpunkte am Rand der dunklen Mondscheibe erscheinen dann wie Perlen auf einer Schnur.

Fotomontage vom zeitlichen Verlauf der Totalen Sonnenfinsternis am 11. August 1999 zwischen 11:16 und 14:01 Uhr (MESZ) am Himmel über München. Von links beginnend sind Einzelaufnahmen der Sonne bogenförmig so angeordnet, wie sich diese tatsächlich über den Himmel bewegt hat. In der ersten Bogenhälfte schiebt sich von rechts kommend (Westen) der Mond langsam vor die Sonne. Noch vor ihrem Höchststand (Mittag) war die Sonne von 12:37:12 bis 12:39:20 Uhr (MESZ) total vom Mond verdeckt. In der zweiten Bogenhälfte gibt der Mond die Sonne allmählich wieder frei, der Mond wandert nach links (Osten) weiter.

Der Kernschatten über München: Blick vom Dach des Deutschen Patentamts Richtung Süden. Im Vordergrund das Deutsche Museum mit der künstlichen Innenbeleuchtung, dahinter die Gebirgskette der Alpen im Sonnenlicht außerhalb der Kernschattenzone, darüber am fast nachtschwarzen Himmel die verfinsterte Sonne.

Astronomie

Diese etwa 1919 von H. Stierhof angefertigte Zeichnung zeigt die Konzeption des wenige Jahre später realisierten, weltweit ersten Projektionsplanetariums im Deutschen Museum.

Copernicanisches Planetarium von Carl Zeiss, Jena.

Heute sind die astronomischen Beobachtungs- und Messmethoden von hoch entwickelter Technologie und Spezialisierung geprägt. Strahlung in allen Wellenlängenbereichen des elektromagnetischen Spektrums – Radiostrahlung, Submillimeterstrahlung, IR-Strahlung, sichtbares Licht, UV-Strahlung, Röntgenstrahlung, Gammastrahlung – und sogar Teilchenstrahlung dienen als Informationsquelle zur Erforschung des Kosmos.

Die Konzeption der astronomischen Einrichtungen des Deutschen Museums basiert auf einer Wissensvermittlung in drei Schritten, wie sie schon Oskar von Miller angelegt hatte: Die Ausstellung informiert über die Geschichte des Fachgebietes, das astronomische Grundlagenwissen, die astronomische Beobachtungs- und Messtechnik sowie astronomische Forschungsergebnisse. Das Planetarium ermöglicht dem Besucher den Anblick eines künstlichen Sternenhimmels. Die Anordnung der Sterne, deren Auf- und Untergang, der Lauf der Planeten, der Sonne und des Mondes lassen sich damit naturnah simulieren.

Der Aufbau der astronomischen Abteilung des Deutschen Museums ist untrennbar mit der Entwicklung des weltweit ersten Projektionsplanetariums verbunden. Oskar von Miller ließ dieses vollkommen neuartige Darstellungsmedium von der Firma Carl Zeiss, Jena, zur Eröffnung des endgültigen Museumsbaus 1925 installieren.

Die Sternwarte bietet abschließend die Möglichkeit, astronomische Objekte durch eigene Himmelsbeobachtung zu erleben und die Eindrücke aus der Ausstellung und dem Planetarium zu vertiefen. *gh*

Zeiss-Planetarium, Modell 1015 mit computergesteuertem Projektor. Dieser erzeugt künstlich einen naturgetreuen Sternenhimmel durch Projektion auf eine 15-Meter-Kuppel.

Geodäsie

»Es ist ein Maß in allen Dingen.«

Horaz (65–8 v.Chr.)

Die Geodäsie ist in der Öffentlichkeit zwar nur wenig bekannt, doch sind ihre Messergebnisse für viele Bereiche notwendig. Die Erstellung von Grundbüchern, Hoch- und Tiefbau oder die Navigation sind ohne genaue Landkarten nicht möglich. Mit jeder Landkarte haben wir das Produkt einer wissenschaftlichen Disziplin in den Händen, deren Tradition über 5000 Jahre zurückreicht. Die Gestalt und die Größe unserer Erde zu bestimmen, ihre Oberfläche zu vermessen und in Karten darzustellen, sind die klassischen Aufgaben der Geodäsie.

Die 1993 eröffnete Ausstellung macht anhand von rund 200 Exponaten, über 100 Tafeln mit Texten und Grafiken, einigen Demonstrationen und Bildschirmstationen die Entwicklung der Geodäsie von den Anfängen bis heute erfahrbar.

Für jede Vermessung ist es notwendig, die gegenseitige Lage von Punkten auf der Erdoberfläche festzulegen. Dazu misst man Entfernungen, Winkel und Höhenunterschiede mit entsprechenden Messgeräten oder bestimmt mit Schwere-Messgeräten die Fallbeschleunigung.

Bei fotogrammetrischen Verfahren werden Teile der Erdoberfläche von zwei unterschiedlichen Positionen aus fotografiert. Aus den Bildern lässt sich die räumliche Form des Geländes bestimmen. Bei den geodätischen Raumverfahren wird mit künstlichen Satelliten die räumliche Lage weit auseinander liegender Punkte der Erdoberfläche bestimmt.

Eine grundlegende Aufgabe der Vermessungstechnik ist es, Festpunkte auf der Erdoberfläche zu schaffen, die für viele Bereiche notwendig sind. Die Wissenschaft benutzt solche Festpunkte z. B. zur Bestimmung von Gestalt und Größe der Erde; die öffentliche Verwaltung braucht sie, um die Erdoberfläche topografisch zu erfassen, Grundstücke aufzumessen und zu registrieren sowie für Maßnahmen der Bodenordnung. Das Bauwesen bezieht sich auf Festpunkte bei der Planung, Absteckung und Überwachung technischer Objekte (Ingenieurvermessung). Die Vermessungstechnik hat sich weitere Aufgabenfelder erschlossen, beispielsweise in der industriellen Fertigung und der Ergonometrie.

»Weltkarten« gibt es seit der Antike. Aufgabe der Kartografie ist es, die gekrümmte Erdoberfläche auf eine ebene Kartenfläche (Kartennetzentwürfe) oder einen Globus zu übertragen. Dabei können Höhenunterschiede als Relief oder als Höhenlinien dargestellt werden. Zur Herstellung der Kartenoriginale bediente sich der Kartograf im Lauf der Geschichte verschiedener Methoden: Handzeichnung, Holzschnitt und Kupferstich, Steingravur, Glasgravur, Folienzeichnung oder elektronische Speicherung (digitale Karten).

Am Ende der Ausstellung wird der praktische Umgang mit Karte, Kompass und GPs erklärt. Hier kann sich der Wanderer oder Bootsführer informieren, wie er sich in unbekanntem Gebiet orientieren und seinen Weg finden kann. *ms*

Saalansicht des Bereiches Vermessungskunde im Jahr 1951.

Blick in den Einführungsraum der Ausstellung Geodäsie. Gezeigt werden u. a. die Erde vom Weltall aus gesehen und eine 2,5 m x 5 m große topografische Karte Bayerns. Die älteste Karte Bayerns wurde 1568 von Philipp Apian angefertigt.

Zeitmessung

»Worauf es dem Physiker schließlich ankommt, ist nicht, wie man Zeit definiert, sondern wie man sie misst.«

Richard Feynman, 1963

Der blaurot-schimmernde Kegel mit abgeschnittener Spitze ist ein Modell der Geschichte des sich seit dem Urknall ausdehnenden Universums. Die in seiner Achse verlaufende logarithmische Zeitskala datiert sowohl die kleinsten Sekundenbruchteile nach dem Urknall als auch die insgesamt vergangene Zeit bis heute.

How time flies
Hoch im Turm
Towering High
The longest time interval

Zeitmessung

Süddeutsche Tischuhr, um 1620.
Obwohl die Bewegungen der von einem Federwerk getriebenen mechanischen Automatenfiguren recht einfach sind, lösen sie bei den Betrachtern weitreichende Assoziationen aus. Die Abfolge der Bewegungen ist in kurzen, starren Programmen festgelegt, die zyklisch wiederholt werden.

Wenn der berühmte Physiker Richard Feynman, dessen Vorlesungen und Lehrbücher das physikalische Weltbild einer großen Zahl von Studenten geprägt haben, auf eine tiefgründige Erörterung des Wesens der Zeit verzichtet und das Interesse daran ganz auf die Fragen ihrer Messung reduziert, muss man das ernst nehmen. Nicht nur in der Physik, sondern auch in allen anderen wissenschaftlichen Disziplinen geht es um die praktische Messung von Zeiten verschiedenster Dauer. Wissenschaftliche Zeitmessungen finden jeden Tag für die verschiedensten Zwecke mit den unterschiedlichsten Methoden und mit meist hohen Ansprüchen an die Genauigkeit und Zuverlässigkeit statt. Der Ruhm nicht weniger Wissenschaftler beruht auf neuen Erkenntnissen zur Messung von Zeit. Genaue Zeitmessung war immer entscheidender Bestandteil der Wissenschaften und wird es wohl auch in Zukunft bleiben. Trotz ihrer überragenden Bedeutung ist die Zeitmessung selbst nie zur eigenständigen Wissenschaft geworden.

Die Bedeutung der hochspezialisierten Zeitmessung im wissenschaftlichen Laboratorium steht in einem eigenartigen Gegensatz zum Blick auf die Armband- oder auch die Turmuhr in unserem vollständig zeitkontrollierten Alltag. Zeitmessung findet dort so verbreitet und routinemäßig statt, dass sie kaum noch als solche wahrgenommen wird. Dafür fertigt die Uhrenindustrie heute nach modernsten Gesichtspunkten der Herstellungstechnik mehr Uhren als jemals zuvor. Die höchst genaue Zeit der Atomuhren wird über Radiowellen und Leitungsnetze nicht nur um die ganze Erde, sondern auch in den Weltraum übertragen.

Wer dagegen, Beruf und Alltag entronnen, im Museum die Vielfalt der Uhren und anderer Zeitmessgeräte und -instrumente betrachtet, will nicht unbedingt eine bestimmte Zeit messen oder wissen, wie spät es ist. Dafür hat man die eigene Armbanduhr. Zwar versucht man dort zu ergründen, nach welchen abstrakten, oft raffinierten Prinzipien mit den verschiedenen Uhren und sonstigen Zeitmessinstrumenten die unsichtbare Zeit gemessen wird, aber zuerst ist man doch durch eine Fülle äußerer Eindrücke fasziniert. Tatsächlich besteht der eigentliche Reiz vieler Uhren in den Botschaften, die sie zusätzlich zur reinen Zeitinformation mitteilen. Aber auch heute noch zeigt die mechanische Uhr aus dem 16. Jahrhundert die Zeit richtig an. *hp*

Zusätzlich zu den Zeitinformationen der Zifferblätter teilt die Uhr die Stunden und die Viertelstunden in Form verschiedener Glockentöne mit. Vom programmierten Mechanismus gesteuert, schlagen dafür ein Reiter mit Stummellanze und ein Keulenschwinger die beiden Glocken.

Die Frontseite der Astronomischen Standuhr aus dem Jahr 1592 zeigt fünf verschiedene Zifferblätter und einen sich drehenden Globus. Dem Blick verborgen bleiben sollten die mechanischen Werke für Gang und Glockenschlag.

Pharmazie

»Wir müssen lernen, magische Kugeln zu gießen, die – gleichsam wie die Zauberkugeln des Freischützen – nur die Krankheitserreger treffen.«

Paul Ehrlich (1854–1915),
Begründer der modernen Chemotherapie

Adam und Eva (nach Lucas Cranach d. Ä.) zeigen die hormonellen Vorgänge im menschlichen Körper.

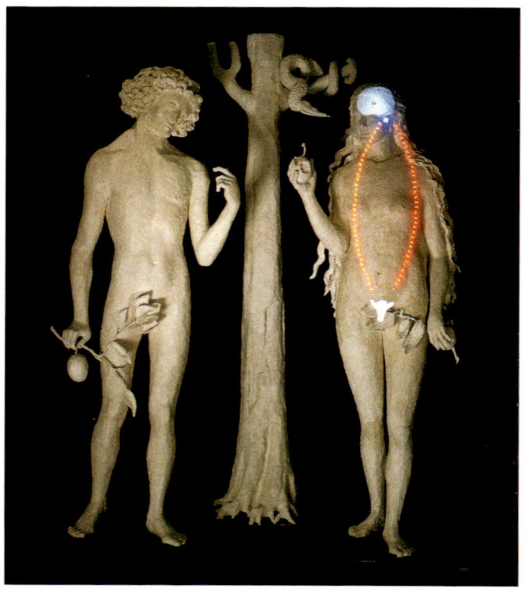

Seit Menschengedenken haben unsere Vorfahren versucht, Heilung oder zumindest Linderung von Krankheiten und Schmerzen zu erlangen. Der Ursprung der Pharmazie lag im Sammeln von Heilpflanzen, doch bereits der Alchimist Paracelsus (1493–1541) stellte die Chemie in den Dienst der Medizin. Mit Paul Ehrlich (1854–1915) hielt dann die moderne wissenschaftliche Chemie Einzug in die Arzneimittelentwicklung; heute werden Medikamente oft zielgerichtet »auf dem Reißbrett« entworfen.

Über viele Jahrzehnte, seit der Eröffnung des neuen Sammlungsbaus des Museums auf der damaligen Kohleninsel im Jahre 1925, wurde der Bereich »Pharmazie« ausschließlich durch die aus dem 18. Jahrhundert stammende Apotheke des Klosters St. Emmeram repräsentiert, und lange schon gab es Pläne, neben den historischen Aspekten der Pharmazie auch die moderne pharmazeutische Forschung im Deutschen Museum darzustellen. Den eigentlichen Anstoß zur neuen Ausstellung Pharmazie gaben jedoch das Projekt »Chemistry for Life« des europäischen Museumsverbunds ECSITE und die Absicht, die gesamte Abteilung »Chemie« des Deutschen Museums neu zu gestalten. Die aus dem »Chemistry for Life«-Projekt resultierenden acht Hauptbotschaften zur Chemie sollen dabei die Keimzellen für die Neugestaltung der Chemie-Abteilung werden. Die Erste, »You are chemistry«, wurde zum Motto der Ausstellung »Pharmazie«.

Zentrales Thema der im Mai 2000 eröffneten Ausstellung sind daher die biochemischen Vorgänge im menschlichen Körper, ihre Abläufe im gesunden und kranken Organismus und natürlich die Möglichkeiten, diese Reaktionen durch den Einsatz chemischer Stoffe, eben der Arzneimittel, zu beeinflussen. Der Ort dieser Vorgänge in unserem Körper sind die Zellen, aus denen der menschliche Körper aufgebaut ist. Räumlicher wie inhaltlicher Mittelpunkt der Ausstellung ist daher das begehbare Modell einer 350.000fach vergrößerten menschlichen Körper-

Fortsetzung Seite 127

»You are chemistry – Auch Du bist Chemie« –
hinter dem Tunnel lockt
eine fremde, geheimnisvolle Welt.

Pharmazie

Der Rezepturtisch der historischen Apotheke des Klosters St. Emmeram: Kostbare Gefäße und Geräte geben einen Eindruck von der Pharmazie im ausgehenden 18. Jahrhundert.

zelle. Um sie herum sind die anderen Themenbereiche angeordnet, die von Herz-Kreislauf- und Atemwegserkrankungen über Infektionskrankheiten und Krebs bis hin zu Schmerzbekämpfung und Empfängnisverhütung reichen. Der Bereich »Heilpflanzen und Phytopharmaka« und die Darstellung des langen Wegs eines Arzneimittels aus der Forschung bis in die Apotheke runden diese Auswahl ab. Auch die bereits erwähnte historische Klosterapotheke wurde in die neue Ausstellung integriert. Ein Multimediasystem bietet nun auch außerhalb einer offiziellen Führung einen virtuellen Rundgang mit vielen Detailinformationen zur Apotheke und den im 18. Jahrhundert verwendeten Drogen.

Im Gegensatz zu vielen anderen Ausstellungen des Deutschen Museums stehen hier weder die Geschichte noch historische Objekte im Mittelpunkt, sondern Prozesse, die auf molekularer Ebene stattfinden und für das menschliche Auge unsichtbar sind. Die Ausstellung kann daher bis auf wenige Ausnahmen nicht auf klassische Exponate zurückgreifen; ein vielfältiges Medienangebot und modernes Design spielen eine große Rolle. Der absichtlich dunkel gehaltene Raum schafft durch den gezielten Einsatz von Licht und Farbe eine geheimnisvolle Atmosphäre und ermöglicht eine Reise in die unbekannte Mikrowelt. Filme, Videos, Hörstationen, Spiele und insgesamt sieben Multimediasysteme machen nicht nur die komplizierten pharmazeutisch-chemischen Sachverhalte für den Laien durchschaubar, sondern ermöglichen auch die Auseinandersetzung mit sozialen und kulturellen Aspekten.

Mit der Ausstellung »Pharmazie« erhielt der große Bereich der »Life sciences«, der »Bio- oder Lebenswissenschaften«, erstmals breiten Raum im Deutschen Museum. Weitere Aktivitäten werden folgen, vor allem im Rahmen des »Zentrums Neue Technologien«. *aw*

Kräuterbuch des Petrus Andreas Matthiolus, 1554 (links).

Auch wenn sie hier nicht im Vordergrund stehen – historische Objekte spielen auch in der Pharmazie-Ausstellung eine wichtige Rolle:

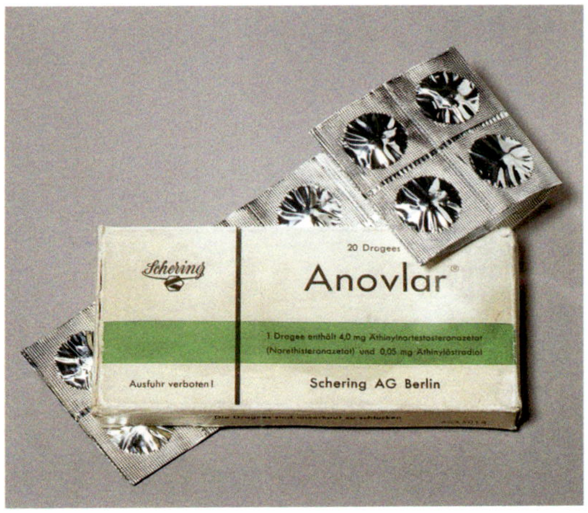

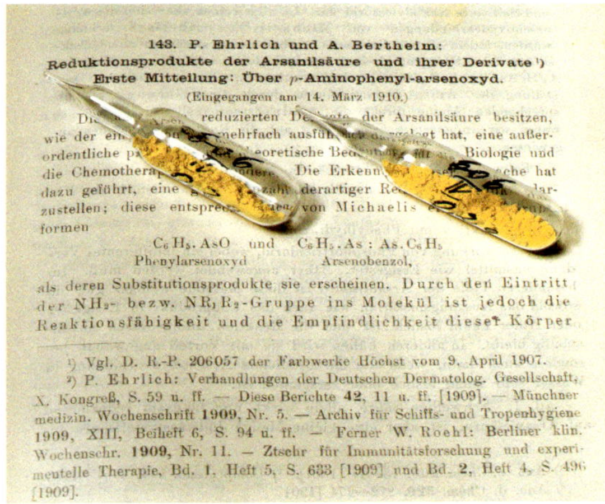

Salvarsan, Paul Ehrlichs Substanz »No. 606«, das erste Chemotherapeutikum gegen eine Infektionskrankheit, ca. 1910 (oben).

Anovlar, die erste »Anti-Baby-Pille« in Deutschland, 1963 (Mitte links).

Taschenspuckflasche »Blauer Heinrich«, um 1890 (links).

Pharmazie

Der künstlerisch inszenierte »Zellwald« zeigt exemplarisch die Vielfältigkeit und Vielgestaltigkeit der im menschlichen Körper vorkommenden Zellen. Im Hintergrund die »begehbare Zelle«.

Design und vielfältige Medien spielen in der Ausstellung »Pharmazie« eine große Rolle. Lichtinszenierungen, historische und moderne Originalobjekte, großformatige, spektakuläre Bilder und Demonstrationen sind nur ein Teil dessen, was es zu entdecken gibt.

Therapie
Therapy

25-50 Mio. Euro
200-400 Mio. Euro
0,5 Mio. Euro

Nerven & Schmerz
Nerves & Pain

Chemie

»Ohne Kenntnis der Chemie muß der Staatsmann dem eigentlichen Leben im Staate, seiner organischen Entwickelung und Vervollkommnung fremd bleiben, ohne sie kann sein Blick nicht geschärft, sein Geist nicht geweckt werden für das, was dem Lande und der menschlichen Gesellschaft wahrhaft nützlich oder schädlich ist.«

Justus von Liebig, »Chemische Briefe«, 1844–47

Schon in der ersten Chemieabteilung des Deutschen Museums wurde, inspiriert vom großen Erfolg einer Rekonstruktion des Liebig-Labors auf der Weltausstellung in St. Louis 1904, eine Nachbildung von Justus Liebigs berühmtem Unterrichtslabor in Gießen (1843) gezeigt. Diese Rekonstruktion ist bis heute Kernstück eines Ausstellungsabschnittes, der sich mit der Geschichte der Chemie beschäftigt.

Chemie

Ultramarine nennt man anorganische Pigmente wechselnder Zusammensetzung, die meist blau sind, gelegentlich aber auch grün, rosa oder violett. Sie sind sehr lichtecht und werden zum Färben von Kunststoffen, Papieren und zur Herstellung von Künstler- und Druckfarben verwendet. Seit 1828 kann man Ultramarin, das ursprünglich aus Lapislazuli gewonnen wurde, auch synthetisch herstellen. Die Flaschen stammen aus den Vereinigten Ultramarinfabriken, vormals Leverkus, Zeltner & Co., Köln. Die Stadt Leverkusen am Rhein verdankt dieser ehemals berühmten Firma ihren Namen.

Als 1906 die erste Chemieabteilung des Deutschen Museums eröffnet wurde, hatte die deutsche chemische Industrie international eine unbestrittene Führungsposition inne. Farbstoffe und Arzneimittel »Made in Germany« waren weltweit hochgeschätzt und begehrt. An deutschen Hochschulen ausgebildete Chemiker galten als exzellente Fachkräfte. Angesichts der großen wirtschaftlichen Bedeutung der Chemie fühlten sich die damals maßgeblichen Vertreter der deutschen chemischen Industrie – allen voran Carl Duisberg, der Generaldirektor der mächtigen Bayer-Werke in Leverkusen – und einige namhafte Chemie-Professoren dazu verpflichtet, sich für den Aufbau einer großen Chemieabteilung im Deutschen Museum einzusetzen. Drei seinerzeit bekannte Chemieprofessoren, zwei davon spätere Nobelpreisträger, erarbeiteten ein Konzept für die geplante Abteilung: Hans Bunte, Wilhelm Ostwald und Walther Nernst.

Eine besonders wichtige Rolle spielte dabei der Physikochemiker Wilhelm Ostwald. Er war sehr an Chemiegeschichte interessiert und hatte sich dank seiner bemerkenswerten Versuche, chemische Kenntnisse zu popularisieren, nicht nur in Fachkreisen einen klingenden Namen gemacht.

Bei dem Bemühen, dem breiten Publikum »chemisches Allgemeinwissen« zu vermitteln, orientierten sich die drei Wissenschaftler an zwei Vorbildern: an den berühmten Weltausstellungen des 19. Jahrhunderts, auf denen es immer auch Chemiesektionen gegeben hatte (hier besonders an der legendären Pariser Weltausstellung von 1900), sowie an ihren eigenen pädagogischen Erfahrungen als Hochschullehrer. Das Vorbild Weltausstellung galt als Garant für eine gelungene populäre Darstellung, das Vorbild Universität stand für solide Didaktik und die Vermittlung eines Wissenskataloges, der aus der Sicht von Hochschullehrern als grundlegend und unverzichtbar empfunden wurde. Etwa ein Drittel der Ausstellungsfläche wurde der Chemiegeschichte gewidmet, ein weiteres Drittel der Darstellung zeitgenössischer Entwicklungen, während das letzte Drittel den Besuchern ermöglichte, selbst Experimente durchzuführen.

Bedeutende zeitgenössische Chemiker wurden gebeten, wichtige Instrumente und Geräte zur Verfügung zu stellen, mit deren Hilfe epochemachende chemische Entdeckungen oder Synthesen geglückt waren. Nur wenn das nicht möglich war, gab man Rekonstruktionen und Nachbauten in Auftrag. Auch wurde großer Wert darauf gelegt, von allen wichtigen Substanzen möglichst Originalproben aus der Hand desjenigen zu erhalten, der sie erstmals synthetisiert hatte. Mit diesen »Meisterinstrumenten« und »Meisterpräparaten«, Reliquien aus dem Schaffen berühmter Chemiker, wurden die historische und die zeitgenössische Sektion der Abteilung ausgestattet.

An diesem Konzept hat sich in der nunmehr hundertjährigen Geschichte der Chemieabteilung im Prinzip wenig geändert. Allerdings wurden etliche, einstmals thematisierte Gebiete mittlerweile anderen Abteilungen zugeschlagen. Die Themen Farben, Duftstoffe und Kosmetika wurden in Sonderausstellungen präsentiert.

Mit dem Einzug der Pharmazie in die Räume der ehemaligen Abteilung »Technische Chemie« hat die thematische und gestalterische Überarbeitung der Chemieabteilung erst begonnen. Der Bereich »Wissenschaftliche Chemie« steht, bis auf die neu aufgenommene Galvanotechnik, seit 1972 im Kern unverändert und bedarf dringend einer kompletten Neukonzeption. *ev*

Blick in einen Ausstellungsabschnitt der gegenwärtigen Abteilung Chemie. Links sind die mit Glasscheiben vom direkten Zugriff der Besucher geschützten Digestorien mit den jeweils auf Druckknopf zu betätigenden Experimenten zu erkennen. In der Mitte das Porträt des deutschen Chemikers und Nobelpreisträgers Hermann Staudinger, des Begründers der makromolekularen bzw. Kunststoffchemie, rechts sieht man Staudingers mit Originalinstrumenten ausgestatteten Experimentiertisch.

Chemie

Eines der beliebtesten Druckknopfexperimente in der heutigen Ausstellung Chemie: die im Dunkeln magisch leuchtende Chemolumineszenz des Luminols. Luminiszenzreaktionen spielen in er Biologie eine große Rolle, sie sind z. B. für das Meeresleuchten oder das Leuchten der Glühwürmchen verantwortlich.

Blick in das Depot der Abteilung Chemie: Mit großem Fleiß sammelte man die verschiedensten Chemikalien, um den Museumsbesuchern anschaulich eine Vorstellung von der Fülle der verfügbaren, industriell hergestellten Substanzen zu geben.

DDT-Spritze:
Objekte wie dieses – eine Spritze, mit der in den 60er Jahren das umweltbelastende Insektizid DDT in privaten Haushalten versprüht wurde – sind keine Meisterwerke der Chemie, aber dennoch aussagekräftige Zeitzeugnisse. Sie dokumentieren die Schattenseiten einer Chemiepolitik, die durch Verwendung umweltschädlicher Stoffe in den sechziger Jahren des 20. Jahrhunderts zum Großwerden der Umweltschutzbewegung und zu einem allgemein gestiegenen Umweltbewusstsein beitrugen.

Besser als jedes Druckknopfexperiment sind Live-Experimente. Kernstück der gegenwärtigen Abteilung ist daher ein Hörsaal, der etwa 100 Besuchern Platz bietet. Dort findet täglich ein Experimentalvortrag statt, bei dem 45 Minuten lang spektakuläre chemische Versuche gezeigt werden. Den Zuschauern wird Chemie auf unterhaltsame Art vorgeführt.

Umwelt

»Spectant victores ruinam naturae.« – Siegesgewiss blicken sie auf den Zusammenbruch der Natur.

Plinius der Ältere, 23–79 n.Chr.

Umweltprobleme sind so alt wie die Menschheit: Seit es Menschen gibt, greifen sie in die Natur ein, sei es durch neue Abbauverfahren im Bergbau, auf die sich Plinius bezieht, sei es durch massiven Holzverbrauch zur Herstellung von Holzkohle oder Salz, der aus Eichen- und Birkenwäldern die Lüneburger Heide entstehen ließ, sei es durch anthropogene Kohlendioxid-Emissionen, die dazu beitragen, unser Klima zu erwärmen.

Mit der im November 1992 eröffneten Dauerausstellung widmete sich das Deutsche Museum erstmals dem Thema »Umwelt«. Die Ausstellung möchte zur kontrovers und oft sehr emotional geführten Diskussion über die Umwelt beitragen, indem sie ein breites Publikum wissenschaftlich korrekt und so ausgewogen wie möglich informiert. Der Schwerpunkt dieser themenorientierten Ausstellung liegt daher weniger auf Objekten, als auf der Vermittlung von Information durch Text, Bild und Grafik. Dabei wird ein breites Themenspektrum abgedeckt: Bevölkerungswachstum wird genauso angesprochen wie Ozonsmog oder die Nutzung regenerativer Energien. Die Ausstellung stellt die wesentlichen Ursachen der Umweltprobleme dar, erklärt die naturwissenschaftlichen Grundlagen und zeigt Lösungsansätze zur Beseitigung und vor allem zur Vermeidung von Schäden auf.

Umweltthemen sind kurzlebig: Statistische Angaben verändern sich ständig, neue gesetzliche Regelungen und internationale Abkommen werden verabschiedet, die Bedeutung und Bewertung von Umweltproblemen trägt dem wissenschaftlichen, technischen und gesellschaftspolitischen Wandel Rechnung. Deshalb wurde die Ausstellung nach nur fünf Jahren überarbeitet und 1998 in neuen Räumen wiedereröffnet. *sg*

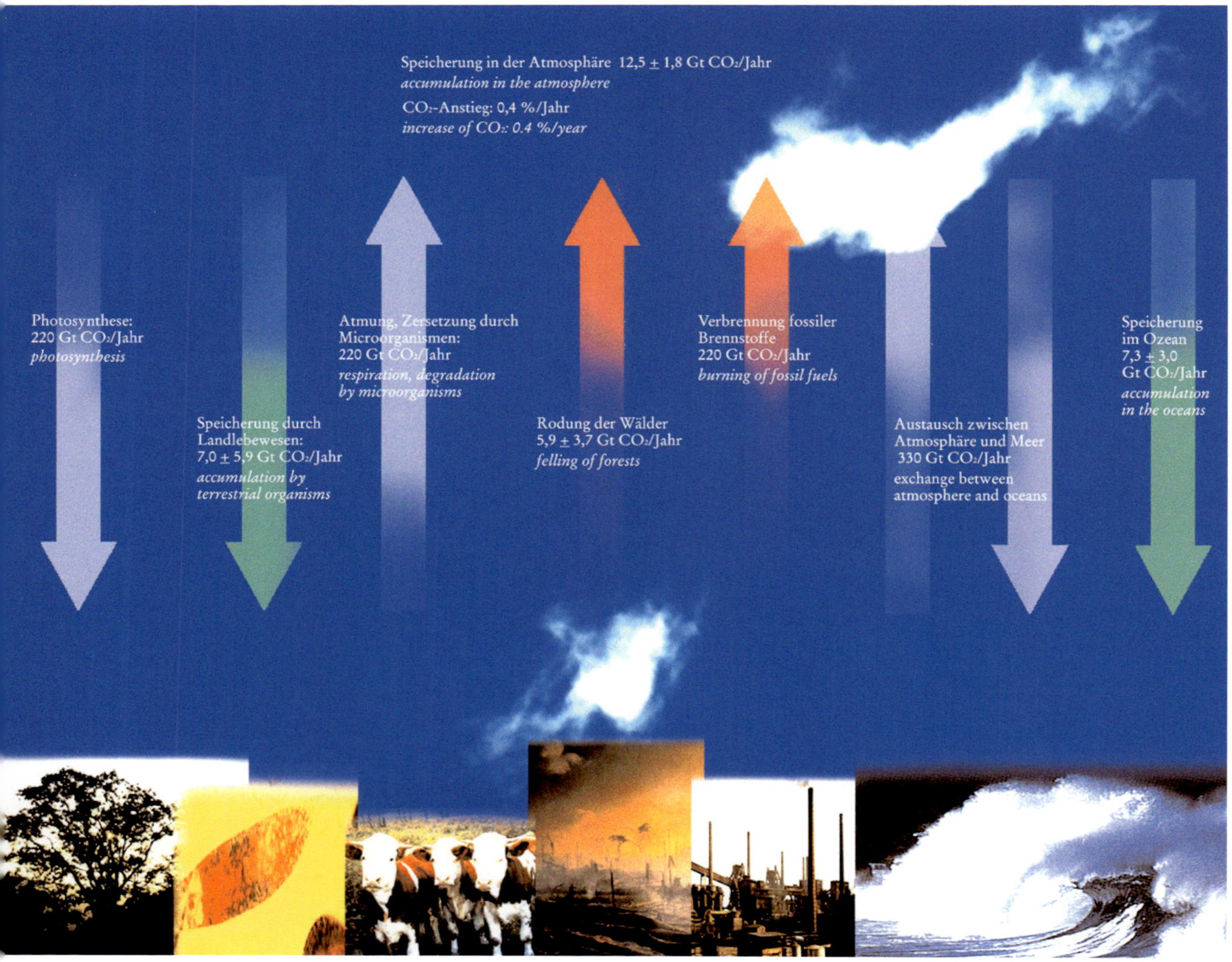

Die heute aktuellsten Umweltprobleme – Luftverschmutzung, Ozonsmog, Ozonabbau in der Stratosphäre und die globale Erwärmung – spielen sich hauptsächlich in der Atmosphäre ab.

Bevölkerungswachstum, Energie- und Rohstoffverbrauch und die Produktion von Abfall sind die wichtigsten Gründe für die Belastung der Umwelt.

Umwelt
The Environment
Die Menschheit -
Wachstum, Bedürfnisse, Ansprüche

WERKSTOFFE UND PRODUKTION

Die Nutzung von Werkstoffen sichert unser Überleben seit frühesten Zeiten. Der Mensch stieß dazu bis in die Tiefen der Erdkruste und später auch der Ozeane vor. Kohle und Erz, Metalle, Keramik und Glas, Erdöl und Erdgas – im gleichen Maß, wie man mit den Mitteln der Naturerkenntnis hinter die Geheimnisse der Materie zu kommen, ihr Wesen zu begreifen versucht, nutzt man sie im täglichen Leben. Der Mensch beschränkte sich den größten Teil seiner Entwicklungsgeschichte darauf, Luft, Wasser und Nahrung zu sich zu nehmen. Seit der Steinzeit aber versucht er sich Zugang zu verborgenen Stoffen zu verschaffen, etwa durch die Förderung von Eisenerz und Kohle im Bergbau. Er arbeitet seither mit Erfolg daran, die in der Natur vorhandene Materie in ihrer Beschaffenheit für seine Zwecke zu verändern: Seit mindestens 6000 Jahren werden Metalle verhüttet, Keramik stellte man bereits vor 10.000 Jahren her. Glas goss man zuerst vor 3000 Jahren, blasen kann man es seit etwa 200 v. Chr. Erdöl und Erdgas schließlich werden erst seit dem 19. Jahrhundert industriell genutzt, nachdem die Optimierung anderer Werkstoffe die Realisierung entsprechender Erfindungen wie etwa des Verbrennungsmotors ermöglichte.

Die von der Natur gegebenen Rohstoffe werden auf unterschiedliche Weise verarbeitet und für unsere Bedürfnisse verändert. Dies gilt ebenso für Korn, das gemahlen werden muss, bevor Brot daraus gebacken werden kann, wie für Eisenerz, das eine ganze Reihe von Arbeitsgängen durchläuft, bevor am Ende ein Schiff oder eine Dachrinne daraus gefertigt wird. Produktion ist immer auch angewandte Wissenschaft: Einfachste Werkzeuge, um sich Jagd und Fischfang zu erleichtern, benutzte der Mensch bereits vor 500.000 Jahren. Revolutionäre Einschnitte bildeten die Nutzung des Feuers vor etwa 100.000 Jahren und die Bestellung des Bodens vor etwa 10.000 Jahren. An zwei Produktionsformen wird die Entwicklung von der Handarbeit zur Automatisierung exemplarisch gezeigt: Textil- und Agrartechnik sind die Produktionszweige mit der längsten Tradition. Die Maschinenabteilung zeigt die Geschichte der Werkzeugmaschinen und die Fortschritte in der Metallbearbeitung.

Spieglein, Spieglein...

Agrar- und Lebensmitteltechnik

»Es läßt sich mit wenigen Ausnahmen eine gewisse Gleichartigkeit in der Entstehungsgeschichte der Hauptgeräte beobachten, die heute in der Landwirtschaft Verwendung finden. Fast gleichzeitig taucht an mehreren Orten der neue Gedanke auf und sucht Form und Gestalt zu gewinnen. Versuche, Anpreisungen, falsche und wirkliche Erfolge folgen sich während einer Reihe von Jahren, bis nach und nach eine Form um die andere verschwindet und schließlich das richtige Instrument sich herausgearbeitet hat und mit geringen Abweichungen das Land beherrscht.«

Max von Eyth, 1893

Blick in die Ausstellung Agrartechnik: Motorpflug von MAN, 1919 (links); Geräteträger von Fendt, 1961 (rechts); Mähdrescher Columbus von Claas, 1961 (Hintergrund).

COLUMBUS

Agrar- und Lebensmitteltechnik

Almhütte »Schlagalm« aus der Valepp, 1830.
Die Hütte stammt aus dem Besitz des Almbauern Scherer in Gmund/Tegernsee, Inneneinrichtung sowie Geräte zur Käse- und Butterbereitung sind Stiftungen der Milchgenossenschaft Auffach, Wildschönau, Tirol.

Unter Agrartechnik versteht man die wirtschaftliche Nutzung des Bodens durch Acker- und Pflanzenbau zum Zweck der Erzeugung von Nahrungsmitteln und Rohstoffen; kommt noch die Tierzucht hinzu, so erhält man das umfassende Gebiet der Landwirtschaftstechnik. Zur Lebensmitteltechnik gehören u.a. die aus der Landwirtschaft hervorgegangenen Nebengewerbe Milchwirtschaft, Müllerei, Brauerei, Brennerei und Zuckererzeugung.

Den ersten Schritt zur Landwirtschaft, zum systematischen Ackerbau, machte der Mensch neuen archäologischen Funden im Niltal zufolge in der Altsteinzeit (16.000 v. Chr.): Er ging als Jäger und Sammler zum Ackerbau über, d.h. von der aneignenden zur wiedererzeugenden Wirtschaft. Die Tierzucht – wie sie nomadisierende Völker noch heute ausüben – ist dagegen wesentlich älter.

Die Entwicklung der Landwirtschaft zur Landtechnik, gekennzeichnet durch Mechanisierung, Motorisierung und Automatisierung, hat einen neuen Bereich hervorgebracht, die Agrartechnik. Sie hat die schwere Hand- und Gespannarbeit in Land- und Forstwirtschaft sowie in Gartenbaubetrieben abgelöst. Ihr Ziel ist, all denen zu helfen, die das Land bebauen sowie durch Steigerung der Nahrungsmittelproduktion allen Menschen das tägliche Brot zu sichern.

Auf der Welt lebten um das Jahr 2000 über sechs Milliarden Menschen, von denen zwei Milliarden hungern mussten. Immer noch üben 50% der Menschheit landwirtschaftliche Tätigkeiten aus.

Die im Zweiten Weltkrieg zerstörte Ausstellung Landwirtschaft wurde seit 1960 wieder aufgebaut (verkleinert auf 1230 m^2) und am 7. Mai 1962 eröffnet. Da neue Wissensgebiete hinzukamen, konzentrierte man sich mehr auf die technischen Aspekte und nannte die Ausstellung »Landtechnik«. 1992 wurde dann zwischen »Agrartechnik«, die eigentliche Technik des Landbaus, und »Lebensmitteltechnik« unterschieden, um die Folgegewerbe zusammenzufassen.

Der erste Saal zeigt die Agrartechnik in einem als Scheune gestalteten Ausstellungsraum, unterteilt in die Themen Innen- und Außenwirtschaft. In der Außenwirtschaft wird vor allem die 6000jährige Entwicklung der Technik der Bodenbearbeitung vom Grabstock bis zum Traktor behandelt.

Die anschließenden Räume enthalten unter dem Generalthema Lebensmitteltechnik die Ausstellungen über Milchwirtschaft, Müllerei, Brauerei, Brennerei und Zuckererzeugung mit markanten Originalen und Modellen. *fh*

Alte Spatenbrauerei, 1812. Das Modell veranschaulicht den von Gabriel Sedlmayer 1807 erworbenen und umgestalteten »Spaethbräu« in der Neuhausergasse 4, München.

Arbeitsschritte des Bierbrauens: Großaufnahmen aus dem Modell zeigen Weiche, Gärung, Kühlschiff (Zugabe der Hefe), Darre, Schänke und Transport (von oben links nach rechts unten).

Textiltechnik

»Das Fechten fiel ihm äußerst schwer, ja schien ihm gänzlich unmöglich, weil er über seinem schwarzen Sonntagskleide, welches sein einziges war, einen weiten dunkelgrauen Radmantel trug, mit schwarzem Samt ausgeschlagen, der seinem Träger ein edles und romantisches Aussehen verlieh [...] Solcher Habitus war ihm zum Bedürfnis geworden, ohne daß er etwas Schlimmes oder Betrügerisches dabei im Schilde führte; vielmehr war er zufrieden, wenn man ihn nur gewähren und im Stillen seine Arbeit verrichten ließ; aber lieber wäre er verhungert, als daß er sich von seinem Radmantel und von seiner polnischen Pelzmütze getrennt hätte.«

Gottfried Keller, »Kleider machen Leute«, 1883

Die Ausstellung spannt den Bogen von der steinzeitlichen Textilherstellung bis zu neuesten, computergesteuerten Automaten.

Textiltechnik

Kleidung bietet nicht nur Schutz vor Klima und Witterung, sondern war schon frühzeitig auch Schmuck und Unterscheidungsmerkmal innerhalb der Gesellschaft. So ist etwa die Berufskleidung einerseits den Bedürfnissen z. B. des Handwerkers angepasst, macht ihn andererseits aber auch als Vertreter eines bestimmten Berufsstandes kenntlich. Im 18. und 19. Jahrhundert vollzog sich mit der fortschreitenden Mechanisierung und Aufteilung der Arbeitsgänge der Umbruch von der Handarbeit zur industriellen Fertigung. Die Ausstellung Textiltechnik spannt den Bogen von der steinzeitlichen Textilherstellung über die Manufakturen des 18. Jahrhunderts zur »Textilen Revolution«, von den ersten Textilfabriken bis zu neuesten, computergesteuerten Automaten.

Spinnen und Weben sind die ältesten und bekanntesten Textiltechniken, die heute etwa 40% der Textilproduktion ausmachen, die Bekleidungsindustrie nicht eingerechnet; mit Stricken, Wirken und Textilveredlung (Färben, Imprägnieren) decken diese Techniken etwa 95% der Weltproduktion.

Die rechnergesteuerte Flachstrickmaschine Selectanit aus dem Jahr 1993 fertigt nicht nur alle Formteile eines Pullovers, sondern auch Halseinfassungen, Knopflöcher usw.

Wie sind Jeans gewebt? Besucher erforschen ein alltägliches Produkt.

Weben, Stricken und Wirken sind nicht die einzigen Methoden, Stoffe herzustellen. Vliesstoffe bestehen aus Einzelfasern, die zuerst gleichmäßig zu einer lockeren Schicht, dem Vlies, verteilt werden. Diese Schicht verfestigt man in unterschiedlichen Verfahren zum eigentlichen Vliesstoff, aus dem vielfältige Produkte entstehen.

Altamira-Höhle

Einer der stehenden Bisons, die durch die polychrome Abstufung der Farben Ockerrot und Schwarz erstaunlich realistisch wirken und in ihrer würdevollen, mächtigen Gestalt auch die Menschen des 21. Jahrhunderts beeindrucken.

Das Deutsche Museum zeigt seit 1962 die berühmten Malereien der spanischen Höhle von Altamira in einer Nachbildung. Die originalen Bilder sind rund 15.000 Jahre alt. Sie stammen aus der ersten Epoche der Steinzeit und gehören zu den schönsten und eindrucksvollsten Zeugnissen der frühen Menschheitsgeschichte.

Aber nicht nur deshalb nimmt Altamira innerhalb der steinzeitlichen Malerei eine besondere Stellung ein. Die Höhlenmalereien von Altamira waren die ersten Malereien der Steinzeit, die als solche erkannt worden sind. Zum Zeitpunkt ihrer Entdeckung, 1879, wurde ihr hohes Alter allerdings von vielen bestritten. Man konnte einfach nicht glauben, dass die frühen Menschen zu solchen Leistungen fähig waren. Erst über 20 Jahre später, 1902, wurde die Echtheit der Malereien allgemein anerkannt. Noch heute versetzen sie uns in Staunen.

Die Nachbildung des Deutschen Museums – in den 50er Jahren begonnen, 1962 eröffnet – ist die erste form- und materialgetreue Kopie, die von steinzeitlichen Felsbildern je gemacht wurde. Das Verfahren war sehr kompliziert, da man die bemalte Decke keinesfalls berühren durfte. Seine Entwicklung kann als eine technologische Pionierleistung des Deutschen Museums gelten. Sie wurde auch in museologischer Hinsicht wegweisend. Seit den 70er Jahren musste man die berühmtesten Höhlen in Spanien und Frankreich schließen, um ihre Malereien vor den Gefährdungen durch den wachsenden Publikumsandrang zu schützen. Die Bereitstellung von Kopien zeigte sich hier als beste Lösung sowohl im Interesse der Besucher als auch der Erhaltung der Jahrtausende alten Malereien.

Seit 1995 zeigt das Deutsche Museum seine Altamira-Höhle in einer neuen Präsentation, die einerseits die Unterschiede von Kopie und Original deutlich zu machen versucht, andererseits so viel Höhlencharakter wie möglich bietet: Beim Passieren der Eingangsschleuse, die den Raum vom Tageslicht abschirmt, erinnern kalte Luft und das Geräusch von tropfendem Wasser den Besucher an das kühle und feuchte Höhlenklima, durch das sich die uralten Bilder bis heute erhalten konnten. Im normal klimatisierten, aber stark abgedunkelten Altamira-Raum selbst kann er erleben, wie er – durch die Anpassung der Augen an das gedämpfte Licht – immer deutlicher sieht und die Tiere immer lebendiger hervorzutreten scheinen. *mbz*

Die fotogrammetrische Vermessung des Deckenreliefs war der erste Schritt im komplizierten Verfahren der berührungsfreien Nachbildung.

Der Altamira-Raum im Deutschen Museum, der den reichsten Ausschnitt der originalen Deckenmalerei wiedergibt.

Bergbau

»Da unten ist ein verworrenes Rauschen und Summen, man stößt beständig an Balken und Seile, die in Bewegung sind [...]. Zuweilen gelangt man auch an durchgehauene Gänge, Stollen genannt, wo man das Erz wachsen sieht, und wo der einsame Bergmann den ganzen Tag sitzt und mühsam mit dem Hammer die Erzstücke aus der Wand herausklopft. [...] unter uns gesagt, dort, bis wohin ich kam, schien es mir bereits tief genug. Immerwährendes Brausen und Sausen, unheimliche Maschinenbewegung [...], qualmig aufsteigende Erddünste und das Grubenlicht immer bleicher hineinflimmernd in die einsame Nacht. Wirklich, es war betäubend [...].«

Heinrich Heine, »Die Harzreise«, 1824

Die schwere bergmännische Arbeit, die Abgeschiedenheit unter Tage und die Geheimnis umwitterte Montanwelt überhaupt erregen seit Jahrhunderten die Aufmerksamkeit vieler Menschen. Dem Außenstehenden, der wie Heine die Gelegenheit hatte, die unterirdische Welt zu besuchen, erscheint vieles befremdlich, unbegreiflich, fast unheimlich. Die Suche und Gewinnung von Rohstoffen war und ist gekennzeichnet von Gefahren, aber auch von Wagemut, Ausdauer und Einfallsreichtum der Bergbautreibenden, sei es unter technisch-wissenschaftlichen, wirtschaftlichen oder auch gesellschaftlichen Gesichtspunkten. Es bedurfte des Wissens und Könnens von Generationen, um die Voraussetzungen für den heute hochtechnisierten Industriezweig »Bergbau« zu schaffen und sich den wechselnden wirtschaftlichen Bedürfnissen in den unterschiedlichsten Abbaugebieten der Erde zu stellen. Das Thema Bergbau bildet im Museum einen Dreiklang:

1. Bergbau im engeren Sinne mit den Methoden des Schachtbaus und der Förderung.
2. Die Ausstellung mit begehbaren Bergwerken wie Erzbergbau, Salzgewinnung und Kohlenbergbau.
3. Die Ausstellung von Bergwerksmaschinen mit der sich anschließenden Aufbereitungstechnik.

Diese Dreiteilung aus dem Eröffnungsjahr 1925 hat sich – mit einigen Veränderungen – bis heute erhalten. Nach den kriegsbedingten, glücklicherweise nur geringen Zerstörungen konnte die Bergbauabteilung am 7. Mai 1949 wiedereröffnet werden. 1953 entstand durch einen Brand erheblicher Sachschaden im Ausstellungsbereich des oberbayerischen Pechkohlenbergbaus.

Mit den Wiederaufbauarbeiten begann die Erweiterung des Kohlenbergwerks mit damals aktueller Bergbautechnik, die am 7. Mai 1955 eröffnet wurde. 1987 folgten ein neues, modernes Kohlenbergwerk und – ein Jahr später – der moderne Erzbergbau.

Fortsetzung Seite 156

Der dieselgetriebene Fahrlader aus dem Jahre 1972 war bis 1982 im Erzbergwerk Haverlahwiese im Einsatz.

Fahrung verboten!

Bergbau

In einem engen Stollen aus dem 16. Jahrhundert arbeitet ein Bergmann mit Schlägel und Eisen.

Rückseite einer silbernen Medaille von Herzog Ernst-August (1679–1698). Die Prägung zeigt in der Mitte ein Bergwerk, rechts eine Aufbereitungsanlage und links ein Hüttenwerk. Die Füllhörner am Stamm der beiden Tannen schütten den Erfolg der Arbeit – Erzstücke und Münzen – aus. Das Motiv versinnbildlicht den Reichtum, der dem Harzer Bergbau zu verdanken war.

Das untertägige Kehrrad besitzt eine doppelte Schaufelung: Durch wechselweise Zuleitung von Wasser kann die Drehrichtung geändert werden. Kehrräder entstanden im 15. Jahrhundert und dienten zur Förderung in Bergwerksschächten.

Blick in eine Hängebank am oberen Ende eines Schachtes: Hier entleert ein Bergmann eine Fördertonne in einen bereitstehenden Wagen. Die Inszenierung entstand unter Verwendung von Originalteilen aus dem Erzbergwerk Rammelsberg bei Goslar.

Die Betstube im Eingangsbereich des Bergwerkes war bis ins 19. Jahrhundert Versammlungsort der Bergleute vor und nach der Schicht.

Bergbau

Einsatz der Grubenwehr in einer Inszenierung im alten Bergwerk.

Das wichtigste Ziel war von Anfang an, den Besuchern ein anschauliches Bild des Bergbaus zu vermitteln. Auch bei den späteren Umbau- und Erweiterungsarbeiten blieb dies oberste Prämisse. Planern, Handwerkern und Künstlern gelang es unter bergmännischer Anleitung, einen milieugerechten Ausbau zu gestalten. Detailgetreu entstanden Stollen, Schächte, Erzgänge und Flöze, zum Teil mit Erz und Kohle ausgestattet. Das Anschauungsbergwerk zeigt funktionsfähige moderne und historische Maschinen, eindrucksvolle Modelle und Meilensteine in der technischen Entwicklung im Bergbau. *kf*

Im Kohlenbergwerk aus den 50er Jahren: Ein Kohlehobel reißt die anstehende Kohle los, ein Doppelkettenförderer transportiert sie zu einem Förderband.

Nachbildung des Abbaus von Steinsalz im berühmten Salzbergwerk Wieliczka in Polen.

Ein Walzenschrämlader im modernen Steinkohlenbergwerk. Er schneidet die Kohle aus dem anstehenden Flöz. Unter dem Walzenschrämlader verläuft ein Kettenförderer, der die gewonnene Kohle zu einer Verladeeinrichtung transportiert.

Füllort an einem Förderschacht nach dem Vorbild des 720 m tiefen Klenzeschachtes im Kohlenbergwerk in Hausham/Oberbayern. Eine elektrisch betriebene Aufschiebevorrichtung drückt die beladenen Wagen in das Fördergestell.

Modell einer Aufbereitungsanlage aus der Werkstatt des Freiberger Modellbauers Richard Braun. Die Modellbauwerkstatt stellte Anschauungsmodelle für die Freiberger Bergakademie her.

Metalle

»Schon immer wurden die Zeitalter nach Metallen benannt. Die Antike sprach von einem geoldenen, einem silbernen und einem ehernen Zeitalter. Die neuere Zeit unterschied zwischen der Steinzeit, dem Zeitalter der Bronze und dem des Eisens. Heute leben wir im Zeitalter der Leichtmetalle.«

Karl Aloys Schenzinger, »Metall«, 1939

Nachbildung eines Abstiches an einem Siegerländer Hochofen.

Seit etwa 10.000 Jahren gehen Menschen mit Metallen um. Anfangs waren es nur »natürliche« gediegene Metalle, die die Menschen auf der Erdoberfläche fanden. Die Metallstücke erregten durch ihr Gewicht, ihren Glanz und ihre Verformbarkeit Aufmerksamkeit. Spätestens vor 6000 Jahren begann man, Metalle aus ihren Verbindungen, den Erzen, herzustellen. Seit dieser Zeit sind Metalle mit ihren besonderen Werkstoffeigenschaften ein unentbehrlicher Begleiter des Menschen geworden.

Die Ausstellung Metalle, die 1925 als Abteilung Hüttenwesen ihre Pforten öffnete, wurde 1995 vollständig erneuert und aktualisiert und vermittelt einen Einblick in die Technik der Metallurgie von ihren Anfängen bis zur Moderne. Gezeigt werden zunächst Schlaglichter aus der Geschichte der Metalle von der Frühzeit über die Renaissance bis zur Industrialisierung.

Ein Schwerpunkt der Ausstellung behandelt chronologisch das Thema Eisen und Stahl. Am Beginn des Weges durch die Geschichte der Eisen- und Stahlerzeugung und -verarbeitung stehen der Siegerländer Hochofen mit dem Frischfeuer und der Sensenschmiede.

Die Nichteisenmetalle werden nach einzelnen Metallen getrennt behandelt. Die schmelzmetallurgischen Verfahren wie Schacht-, Flammofen-, Konverterprozesse und Elektrolyse sind dargestellt. Auch hier erläutern die präsentierten Objekte und Demonstrationen sowohl die Gewinnung als auch die Weiterverarbeitung durch Umformen.

Die Pulvermetallurgie mit ihren Techniken zur Herstellung von kompliziert geformten Bauteilen wird anhand einer Pulverpresse und des Modells eines Sinterofens verdeutlicht.

Das Thema Oberflächenveredelung schließlich führt mit einem Ausschnitt aus einer Bandverzinkungsanlage die Bereiche Eisen und Stahl und Nichteisenmetalle wieder zusammen.

Den Abschluss der Ausstellung bildet – dem Untertitel »Metalle – Gewinnen, Umformen, Gießen« folgend – der Bereich Gießereitechnik mit der Vorführgießerei. *kf*

Der Einführungsraum bietet ein Panorama der Entwicklung der Metallgewinnung und der Weiterverarbeitung von den Anfängen bis um 1800.

Metalle

Das Original einer kleinen Stranggießmaschine verdeutlicht die moderne Stahlverarbeitung. Aus flüssigem Stahl entsteht ein Vorprodukt für die weitere Verarbeitung, z. B. durch Walzen.

Der Ausstellungsbereich Walzen.

Die Abteilung Metalle gibt im Übergangsbereich zur Gießereiabteilung einen Einblick in verschiedene Umformverfahren. Vorne links veranschaulichen Modelle die Weiterverarbeitung der Metalle durch Schmieden und Pressen.

Werkzeugmaschinen

»Ein Werkzeug, dessen Wohltat unsere von Erinnerungen unbeschwerte Hand in jedem Augenblick neu entdecken könnte, würde niemals veralten, vielmehr die Hand in Takt halten!«

René Char

Die Herstellung von Werkzeugmaschinen ist immer eine Schlüsseltechnologie gewesen. Vom Fiedelbogen der Steinzeit bis zur computergesteuerten Lasertechnik von heute haben sie die Geschichte der Technik entscheidend mitbestimmt.

Nach den dramatischen Neuerungen des 19. Jahrhunderts haben sich die Werkzeugmaschinen in der ersten Hälfte des letzten Jahrhunderts kontinuierlich weiterentwickelt. Derzeit steht eine neue Phase revolutionärer Veränderung bevor: die »Fabrik von morgen«, in der sämtliche Herstellungsschritte vom Auftragseingang bis zur Qualitätsprüfung und Auslieferung durch vernetzte Computersysteme gelenkt und überwacht werden.

Die ersten Exponate für das Fachgebiet Werkzeugmaschinen konnten 1909 eingeworben und 1925 zusammen mit verschiedenen Maschinen aus dem Bausektor im Erdgeschoss präsentiert werden. 1955 widmete man dem Fachgebiet erstmals eigene Ausstellungsräume, die der damalige Bundespräsident Theodor Heuss eröffnete.

Als in den 80er Jahren computergesteuerte Werkzeugmaschinen auf den Markt kamen, die ein Werkstück von mehreren Seiten gleichzeitig, ohne umspannen zu müssen, bearbeiten konnten, und Fertigungssysteme entwickelt wurden, die bislang getrennte Verfahren wie Bohren, Fräsen, Schleifen und Schweißen zusammenfassten, musste über eine Neugestaltung der 600 m^2 umfassenden Ausstellung nachgedacht werden. Mit Unterstützung des Vereins Deutscher Werkzeugmaschinenfabriken konnten 1991 nach baulichen Korrekturen drei neu eingerichtete Ausstellungsräume mit Maschinenpark der Öffentlichkeit zugänglich gemacht werden.

ka

Das Modell zeigt eine Drehbank mit Radantrieb, über den ein Gehilfe das zu bearbeitende Werkstück in Bewegung versetzt. Der Meister kann sich somit ganz auf seine Arbeit konzentrieren, wobei die Führung des Drehstahles Kraft, Geschicklichkeit und großer Erfahrung bedarf.

Ursprünge der Werkzeugmaschinentechnik: Dieser Raum entspricht einer mechanischen Werkstatt des 19. Jahrhunderts. Sein auffälligstes Merkmal ist die Transmissionswelle, die sämtliche Dreh-, Bohr-, Hobel- und Fräsmaschinen über Riemen und Vorgelege antreibt.

Werkzeugmaschinen

Der Raum erinnert an eine Werkstätte der frühen 50er und 60er Jahre: Leuchtstoffröhren sorgen hier für besseres Licht. Die Betriebssicherheit der Maschinen wird durch Abdeckung der Getriebe erhöht, für die Maschinenbedienungen steht mehr Platz zur Verfügung, und ein Hängekran erleichtert den Werkstoff- und Werkstücktransport.

Schwerpunkt dieser Halle bilden eine Fertigungsgruppe für Fräsen, Drehen, Schleifen und Erodieren, eine Laserbearbeitungsmaschine für metallische und nichtmetallische Werkstoffe sowie eine computerintegrierte Fabrik in Form eines Funktionsmodells. Es zeigt, wie ein Maschinenteil in der »Fabrik von morgen« vollautomatisch vom Auftragseingang bis zur Auslieferung gefertigt wird. Eine Video-Filmprojektion sowie grafische und bewegte Darstellungen auf fünf Monitoren erläutern und ergänzen das Modell.

Keramik

»Stein auf Stein, Stein auf Stein,
das Häuschen wird bald fertig sein.«

Altes Kinderlied

Keramische Produkte spielen eine wichtige Rolle beim Essen und Trinken: Rechts unten ist ein Weinkrug zu sehen (sog. Bartmannskrug).

Dachziegel, Mauerziegel, Geschirr, Vase, Katalysator, Schleifscheibe, Zündkerze – Dinge aus Keramik, die uns ein angenehmeres Leben bereiten. Nach der Umstellung der menschlichen Ernährung auf Getreide sowie dessen Aufbereitung durch Kochen und Backen entstand das Bedürfnis nach Ess-, Trink-, Vorrats- und Transportgefäßen für trockene Nahrung und Flüssigkeiten.

Die Töpferscheibe – seit rund 3500 v. Chr. im Einsatz – beschleunigte Produktion und Qualität der keramischen Produkte immens. Eine erste Blüte erreichte die Gefäßkeramik in Griechenland mit der schwarz- und rotfigurigen Vasenmalerei. Weitere Keramikgattungen sind Wand- und Bodenfliesen, Kacheln und Fayence, Geschirr und Gebrauchsgegenstände aus Steingut und Steinzeug, Apparate und Gefäße für die chemische Industrie sowie Abwasserrohre aus Steinzeug.

Das edelste keramische Material ist Porzellan, seit der Tang-Dynastie (ab 618 n. Chr. in China) bekannt und in Europa erstmals 1708 durch Johann Friedrich Böttger in Sachsen hergestellt. Es war die Basis für wertvolles Geschirr, Vasen und Figuren an deutschen Fürstenhöfen.

Porzellan war auch der erste Grundstoff für die technische Keramik: vor allem Isolatoren in unterschiedlicher Größe entstanden. Bald entdeckte man andere chemische Verbindungen – vor allem Aluminiumoxid –, um Zündkerzen, Kondensatoren, Gleichrichter, Halbleiter, Motoren, Schleifscheiben und Katalysatoren zu produzieren.

Gebrannte Ziegel – typische Produkte der Baukeramik – entstanden zuerst in Mesopotamien und Indien. Allerdings herrschte der Ziegelbau – bestehend aus Mauer- und Dachziegeln – erst in der römischen Kaiserzeit im 2. Jahrhundert n. Chr. vor. Nach einem jahrhundertelangen Niedergang wurden im Mittelalter in der Backsteingotik Baumaterial, Bautechnik und Gestaltung bei eindrucksvollen kirchlichen und bürgerlichen Gebäuden eng verzahnt.

Alle wichtigen Dachziegelformen, die man bis zum 19. Jahrhundert antreffen konnte, stammen aus dem Mittelalter: der Biberschwanz, Mönch- und Nonnenziegel sowie die Hohlpfanne. Weite Verbreitung fand vor allem der Biberschwanz. Der Historismus der Gründerzeit kannte eine Reihe von Schmuckziegeln und Ziegelplastiken. Villenziegel und Villenfalzziegel, Turmziegel und Turmschuppen sowie Dachschmuck und Sonderziegel prägten in dieser Zeit die Architektur (Ausstellung »Ziegel-live«). *gk*

Der Besucher erlebt, wie Ziegelsteine geformt, getrocknet und gebrannt werden. Einen Ziegelstein kann er auch zum Mitnehmen erwerben. Das Multimedia-System mit einem völlig neuen Projektionssystem veranschaulicht die Prozesse.

Glastechnik

»Glas, Glas,
was ist das?
Es ist und ist nicht,
es ist Licht und kein Licht,
es ist Luft und nicht Luft,
es ist duftloser Duft.
Und doch ist es hart,
ungesehen harte Gegenwart
dem gefangenen Vogel,
der es nicht sieht
und den es in die Weite zieht.«

Gerhard Hauptmann

Glas gehört zu den ältesten künstlichen Werkstoffen. Es besteht aus Sand, Soda oder Pottasche und Kalk, die bei großer Hitze – 700 bis 1400°C – geschmolzen werden. In pastenartig erweichtem bis zähflüssigem Zustand ist die Glasschmelze formbar und erstarrt – mehr oder weniger durchsichtig – beim Abkühlen.

Die frühesten Gegenstände aus diesem Material sind Luxusobjekte: Glasperlen, die vor etwa 6000 Jahren in Mesopotamien hergestellt wurden, oder – aus altägyptischer Zeit – edelsteinartige Grabbeigaben und Ausschmückungen sowie kleine, gewickelte Hohlgefäße für kostbare Flüssigkeiten wie Parfum, die alle jedoch noch nicht durchsichtig sind. Der wichtigste Schritt in der Geschichte des Glases war die bis heute grundlegende Erfindung der Glasmacherpfeife in römischer Zeit, um 200 v. Chr. wohl im Gebiet des heutigen Syrien. Mit diesem Werkzeug, einem langen Rohr, kann Glas durch Blasen zu einer Kugel und von da aus zu unterschiedlichen Gefäßen geformt werden. Voraussetzung dafür war das Erreichen einer Brenntemperatur, bei der die Schmelze flüssig genug zum Aufblasen wird und erst die Durchsichtigkeit des Glases mit sich bringt, seine auffallendste und am meisten genutzte Eigenschaft.

Glas blieb lange etwas Luxuriöses, was auch heute noch für künstlerisch gestaltete Objekte gilt. Im Verlauf des 20. Jahrhunderts ist Glas vorrangig zum Material für Massenartikel geworden. Mit vielen von ihnen gehen wir um, ohne sie überhaupt wahrzunehmen, sehen wir doch buchstäblich durch sie hindurch, etwa durch Fenster, und dies umso leichter, je besser sie gemacht sind.

Ein Blick in den Raum Glas, der 1928 innerhalb der Abteilung Baumaterialien eröffnet worden ist: im Boden Glasbausteine und an der Decke ein Mosaik.

Blick in den Bereich Flachglas der heutigen Ausstellung, die sowohl die Schritte von der handwerklichen Herstellung von Fensterscheiben bis hin zu ihrer industriellen Massenproduktion zeigt, als auch die nachträgliche Veredelung von Flachglas mit der Spiegelfertigung im Mittelpunkt.

Glastechnik

Bezeichnend für den Bedeutungswandel von Glas ist die Reihe der Ausstellungen, die das Deutsche Museum diesem Werkstoff im Laufe seiner Geschichte gewidmet hat: In der ersten provisorischen, 1906 eröffneten Präsentation kam Glas in Form von Glasmalereien in der Abteilung Maltechniken vor und war dort als Material für Kunst von Interesse. In der drei Jahre später eingerichteten Abteilung Baumaterialien war Glas jedoch auch neben Holz, Stein und Keramik vertreten. In der zweiten Ausstellung, die ab 1928 im heutigen Museumsgebäude auf der Isarinsel zu sehen war, hatte sich diese Gewichtung bereits stark verschoben: Glas erschien hier nur innerhalb der Abteilung Baumaterialien in einem eigenen Raum. Darin spiegelt sich die wichtige Rolle, die Glas wegen seiner Durchsichtigkeit in den 20er Jahren, der Zeit des Bauhauses, sowohl in der Architektur als auch im Automobilbau zu spielen begann. 1959, beim Wiederaufbau nach dem Zweiten Weltkrieg, hatte man Glas in den umfassenderen Rahmen der Chemischen Technik gestellt, ihm nun aber immerhin schon eine eigene Abteilung mit mehreren Räumen zuerkannt, die einer eher akademischen Gliederung in die Bereiche Geschichte, Technologie, Physik und Chemie des Glases und Neue Anwendungen folgte.

Die heutige Ausstellung, 1990 aufgebaut, setzt nach einer allgemeinen Einführung zum Werkstoff Glas bei den Endprodukten und ihrer Anwendung an. Sie zeigt Hohlglas, das wir täglich in Form von Flaschen und Trinkgläsern benutzen. Flachglas umgibt uns allerorten in Form von Fensterscheiben in Gebäuden und Fahrzeugen. Der Bereich Spezialglas stellt von optisch besonders reinen Gläsern für Brillen oder Ferngläsern über hitzebeständige, chemisch resistente oder etwa strahlungsabsorbierende Glaszusammensetzungen bis hin zu den Lichtleitfasern jeweils eigene Entwicklungen für die verschiedensten Zwecke vor.

Anders als Kunstgewerbemuseen, die ausschließlich Endprodukte zeigen, hat das Deutsche Museum in allen Glasausstellungen versucht, die Produktion selbst nachvollziehbar zu machen. Insbesondere in den klassischen Bereichen Hohlglas und Flachglas, hinter denen lange Traditionen stehen, erschließt sich dabei die Entwicklung von der handwerklichen Einzelfertigung zur industriellen Massenproduktion. Durch Dioramen, Modelle und Demonstrationen wird sie für den Besucher anschaulich und aktiv nachvollziehbar. *mbz*

Das Diorama, 1959 in der Modellbauwerkstatt gebaut, erlaubt den Blick in einen traditionellen Glashüttenbetrieb mit seinem großen Personalbestand.

Am Glasbläserstand können die Besucher zuschauen, wie aus vorgefertigten Glasröhren und -stäben über der Flamme eines Bunsenbrenners Gefäße, Schmuck oder Figuren geformt werden.

Mit Hilfe von polarisiertem Licht werden links Spannungen in einem nicht gleichmäßig abgekühlten Glas sichtbar, die es untauglich machen für optische Instrumente. Das rechte Glas dagegen ist spannungs- und damit verzerrungsfrei.

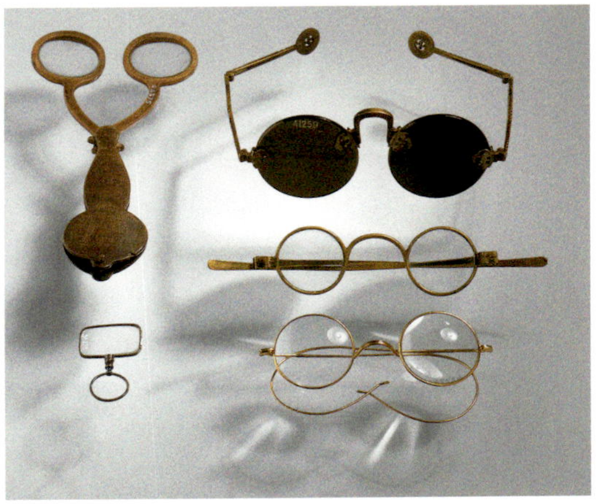

Brillen aus verschiedenen Zeiten:
Scherenbrille um 1680 und rechtwinkliges Monokel um 1820 (links).
Chinesische Silberbrille, 17. bis 18. Jahrhundert, Schläfenbrille und Brille mit Katralgläsern, beide 18. Jahrhundert (rechts oben nach unten).

Die beschossene Panzerglasscheibe der Ausstellung führt vor Augen, dass die einzelnen Scheiben von Verbundsicherheitsglas zwar splittern, aber im Verbund stabil bleiben.

Papier

»Der Papier-Verbrauch ist ein Maßstab für die Kulturhöhe eines Volkes.«

Carl Hofmann, 1897

Viele Tätigkeiten unseres täglichen Lebens sind mit dem Gebrauch von Papier verbunden, sei es als Tageszeitung, Kaffeefilter, Fahrkarte, Taschentuch, Kopierpapier oder Geldschein. Es gibt etwa 3000 Papier- und Kartonsorten, aus denen die unterschiedlichsten Produkte hergestellt werden, so dass der pro-Kopf-Verbrauch in Deutschland heute etwa 200 kg pro Jahr beträgt. Prognosen, das Papier werde bald verschwinden (z. B. durch den Einsatz des Computers), haben sich bisher nicht bewahrheitet. Das Lesen vom Papier hat sich als einfacher erwiesen, nicht zuletzt deshalb werden Internet-Seiten oder e-mails so gern ausgedruckt.

Eine Papierausstellung gestaltet sich problematisch, weil Papiermaschinen heute fast so groß wie eine Reihenhauszeile sind und sich deshalb als Original kaum aufstellen lassen. Die Vermittlung muss daher medial geschehen. Vorführungen zeigen das Handschöpfen von Papier und den Lauf einer Papiermaschine im Laborformat. Einmal in der Woche ergänzt eine Liveschaltung die Ausstellung und erlaubt es, die Produktionsverhältnisse einer Papierfabrik ins Museum zu holen. Für die Besucher ist auch der haptische Kontakt mit dem Papier wichtig – es anzufassen, zu falten und die Gebrauchseigenschaften selbständig zu erforschen. *wg*

Bei »Papier-live« demonstrieren die Vorführer unsere Laborpapiermaschine. Anschließend schalten wir in eine moderne Papierfabrik; der Besucher erhält per »Museums-TV« Einblick in die Produktion.

Papier wird aus Holz gemacht, dies symbolisiert die Bilderwand zur Linken. Rechts erklärt eine Multimediastation die Papiermaschine.

Papier

Modell eines Rollen-Kalanders zum Glätten von Papier.

Roberts Papiermaschine von 1791.

Anlage zur Herstellung von Holzschliff für Zeitungspapier.

Die älteste als Original erhaltene Papiermaschine der Welt (um 1820).

ENERGIE

Energie ist ein Grundstoff der belebten und unbelebten Natur. Bei allen physikalischen und biologischen Prozessen spielt sie die entscheidende Rolle. Deshalb ist die Nutzung der verschiedenen Energieträger und -formen nicht zu trennen von der Entwicklung der menschlichen Kultur und Technik. Mit Hilfe des Feuers schuf sich der Mensch Werkzeuge aus Bronze und Eisen, mit Hilfe von Wasser und Wind, durch Kraftmaschinen in mechanische Energie umgewandelt, überwand er die Abhängigkeit von seiner eigenen Muskelkraft und der seiner Tiere. Schließlich leitete die Konstruktion der Dampfmaschine im 18. Jahrhundert die Industrielle Revolution ein. Elektrizität – ihre Erzeugung und Verteilung von einfachsten Generatoren bis zu riesigen Kraftwerken und Hochspannungsanlagen – veränderte die Lebenswelt des 20. Jahrhunderts wie keine andere Energieform. Bevölkerungswachstum, steigender Energiebedarf, Ressourcenknappheit und eine Umweltzerstörung nie gekannten Ausmaßes, vor allem durch die Verbrennung fossiler Brennstoffe, zwingen den Menschen, neue Möglichkeiten der effizienten und umweltschonenden Energieumwandlung zu entwickeln, wie etwa die Nutzung der Kernenergie oder regenerativer Energieträger. Neue und umweltschonende Verfahren der Energieumwandlung werden die Zukunft entscheidend mitprägen.

500A
600V

Kraftmaschinen

»Fast alle irdischen Kräfte haben einen gemeinsamen Ursprung, sie gehen auf einen Urquell, die Sonne, zurück!«

Fritz Gärtner, 1925

Dem oben zitierten Gedanken verlieh 1925 der Maler Fritz Gärtner in dem großen allegorischen Gemälde der Kraftmaschinenhalle Ausdruck.

Kraftmaschinen haben als Antriebsaggregate entscheidenden Anteil an der Entwicklung der Arbeits- und Werkzeugmaschinen, der Verkehrsmittel zu Land, zu Wasser und in der Luft sowie der Stromerzeugung. Sie sind die »Motoren« des gesamten technischen, wirtschaftlichen und sozialen Fortschrittes. Das Deutsche Museum bemüht sich seit seiner Gründung, die wesentlichen Entwicklungsstufen dieser Maschinen möglichst anhand von Originalen zu dokumentieren und den Besuchern ihre Funktionsweise verständlich zu machen.

Mit diesem Konzept wurde die Abteilung 1906 in den Räumen des alten Nationalmuseums eröffnet. Seit 1925 hat sie ihren Platz auf der Insel in der Kraftmaschinenhalle, die im Zweiten Weltkrieg durch Bomben und 1983 durch einen Brand schwer beschädigt, aber jeweils in ihrer ursprünglichen Form wieder aufgebaut wurde.

Anlässlich der letzten Erneuerung der Abteilung 1983–1985 wurden in verschiedenen Arbeitskreisen Diskussionen um ein neues Konzept geführt. Die Vorschläge reichten von einer starken Betonung der Sozialgeschichte über das Einbringen von Fabrikarchitekturen bis hin zum massiven Einsatz audiovisueller Medien. Durchgesetzt haben sich schließlich die mittlerweile zu musealer Geschichte gewordene Architektur und das seit nahezu 100 Jahren bewährte Grundkonzept, das sich heute in den folgenden Punkten darstellt:

- ein übersichtlicher und weitgehend chronologischer Aufbau der Abteilung,
- eine Vielzahl von zum Teil vorführbaren Originalen, ergänzt durch Modelle und Demonstrationen,
- leicht verständliche Übersichts- und Objekttexte, ergänzt durch Grafiken und Fotografien,
- regelmäßige Übersichtsführungen, bei denen der Vorführer auf Fragen der Besucher ebenso eingeht wie auf individuelle Wünsche bei der Vorführung einzelner Maschinen. *ka*

Ausgereifte Dampfmaschinen
des ausgehenden 19. und beginnenden
20. Jahrhunderts sind in der Mitte der
dreigeteilten Kraftmaschinenhalle
zu sehen.

Kraftmaschinen

Die um 1930 entstandene Aufnahme zeigt exemplarisch einige funktionsfähige Windmühlenmodelle mit unterschiedlich konzipierten Flügeldächern. Windmühlen sind seit etwa 1300 Jahren bekannt, und je nach Anordnung ihrer Räder wird zwischen langsam- und schnelllaufenden Mühlen unterschieden.

Blick in die durch Kriegseinwirkungen zerstörte Kraftmaschinenhalle.

Blick in den ältesten Teil der Kraftmaschinen-Ausstellung. Rechts ist ein Teil der ersten in Serie gegangenen Ventil-Dampfmaschine der Gebrüder Sulzer aus dem Jahr 1865 zu erkennen. Im Mittelpunkt steht die älteste in Deutschland noch erhaltene Wasserhaltungsmaschine von William Richards aus dem Jahre 1813.

Kontrolleinrichtungen, Schmiergefäße, Regel- und Steuergeräte verschiedenster Bauarten sorgen für die reibungs- und gefahrlose Funktion einer Kraftmaschine.

Bei diesem Versuchsmotor, entwickelt von Rudolf Diesel und konstruiert von Imanuel Lauster in der Maschinenfabrik Augsburg in den Jahren 1896/97, handelt es sich um den dritten zünderlosen Versuchsmotor seiner Baureihe. An ihm wurden erstmals auf einem Prüfstand verschiedene Leistungs- und Bremsversuche vor internationalem Publikum vorgenommen. Der Leiter der Prüfkommission, Prof. Moritz Schröter, schreibt unter anderem in seinem Gutachten: »Nach dem Gesamtergebnis der Versuche und nach den beim Betriebe des Motors gemachten Wahrnehmungen kann ich das Urteil über denselben dahin zusammenfassen, dass derselbe schon in seiner derzeitigen noch nicht alle Vorteile realisierenden Ausführung als einzylindriger Viertaktmotor an der Spitze aller Wärmemotoren steht!«

Der Deutzer »A«-Motor, ein stationärer Gasmotor von vier PS Leistung mit Vorverdichtung, stammt aus der ersten Serie von Ottomotoren, die in der Gasmotorenfabrik Deutz in Köln gebaut wurden. Der Konstrukteur, der gelernte Kolonialhändler Nikolaus August Otto, entwickelte ihn 1876 und ließ das erstmals verwendete Viertaktprinzip patentrechtlich unter der Nummer DRP 532 am 4. August 1877 absichern.

Starkstromtechnik

»Der Technik sind gegenwärtig die Mittel gegeben, electrische Ströme von unbegrenzter Stärke auf billige und bequeme Weise überall da zu erzeugen, wo Arbeitskraft disponibel ist.«

Werner von Siemens, 1867

Elektrische Energie wird vereinfacht Elektrizität oder oft nur Strom genannt. Der physikalische Vorgang ist die Umwandlung von mechanischer in elektrische Energie auf der Grundlage der 1831 von Michael Faraday entdeckten Induktionserscheinungen. Diese Umwandlung wurde zunächst in magnetelektrischen Maschinen für die großflächige Beleuchtung realisiert. Einen wichtigen Fortschritt brachte die Entdeckung des dynamoelektrischen Prinzips, die 1866 fast gleichzeitig und unabhängig voneinander durch Werner von Siemens, Alfred Varley und Charles Wheatstone geschah.

Wegen der im Umgang mit Akkumulatoren historisch gewachsenen Vertrautheit mit Gleichstrom errichtete man zunächst nur Gleichstromsysteme mit Zentralstationen im Versorgungsgebiet, die nur in den Morgen- und Abendstunden in Betrieb waren. Allmählich wurden robuste elektrische Motoren eingeführt, die erst mit dem Drehstrom-Kurzschlussläufermotor, erfunden 1889 von Michael Dolivo-Dobrowolski, konstruktiv durchgebildet waren.

Die elektrischen Antriebe erforderten jedoch mehr Energie als die elektrische Beleuchtung. Daher entwickelte man die Weiterleitung der Elektrizität aus günstig gelegenen Kraftwerken in die Verbraucherzentren unter Transformation der Übertragungsspannungen: Seit der Entdeckung des Transformators 1885 durch die ungarischen Ingenieure Otto Blathy, Max Deri und Carl Zipernowsky wuchsen die Generatorleistungen von wenigen Kilowatt (kVA) auf über 1000 Megawatt (MVA) und die Übertragungsspannungen von einigen 100 Volt auf mehrere 100 Kilovolt (1000 V = 1 kV), was mit entsprechenden Geräte- und Anlagenkonstruktionen einherging. So entstanden die drei großen Fachrichtungen Elektromaschinenbau, elektrische Anlagen- und Netztechnik sowie Hochspannungstechnik.

Heute wird der Strombedarf durch ein zusammenhängendes europäisches Verbundnetz vom Nordkap bis Sizilien mit 500.000 Megawatt Parallellaufleistung gedeckt. Außerdem gibt es Überlegungen zu einem interkontinentalen

Blick in den ersten Saal mit elektrischen Maschinen und Geräten: Auf dem Podest im Vordergrund stehen die ersten praktischen Drehstrommaschinen und frühe Quecksilber-Gleichrichter in Glas- und Eisengefäßen. Im Hintergrund erkennt man zwei frühe Erzeugnisse der Firma Siemens & Halske – den Beleuchtungswagen von 1878 (links) und eine Gleichstrom-Innenpolmaschine von 1887 (rechts).

Starkstromtechnik

Energieverbund »Global Link«, um über den Tagesverlauf hinweg auf der Erde Leistung auszutauschen und den Bedarf zu decken.

Die Ausstellung zur Starkstromtechnik umfasst zwei Säle und zeigt im Wesentlichen die Erzeugung und Verteilung elektrischer Energie sowie ihre Anwendungen in exemplarischer Weise. Der Besucher kann sich über die zwei großen Fachrichtungen Elektromaschinenbau sowie elektrische Anlagen- und Netztechnik informieren und an einer Vorführung zu Themen der Hochspannungstechnik teilnehmen.

Im ersten Saal sind der historische Beginn und die weitere Entwicklung der elektrischen Maschinen dargestellt. Ausgehend vom Siemensschen Originaldynamo lässt sich die Entstehung von leistungsfähigeren Maschinen verfolgen, darüber hinaus wird die Entwicklung der Wechsel- und Drehstromtechnik mit Hilfe von Beispielen wie dem Transformator oder dem Drehstromkurzschlussläufermotor dargestellt.

Der Besucher kann Gleich- und Drehstrommaschinen im Betrieb durch Knopfdruckversuche kennen lernen.

In beiden Sälen zeigen zwei Themen den Beitrag des Museumsgründers Oskar von Miller zur Starkstromtechnik: Die grundlegenen Erstversuche zur Energieübertragung über große Entfernungen (1882 über 57 km von Miesbach nach München mit 1400 Volt Gleichspannung und 1891 über 175 km von Lauffen nach Frankfurt mit 15.000 Volt Drehstrom) und den Bau des ersten Alpenkraftwerks am Walchensee 1924.

Der zweite Saal präsentiert, ausgehend vom Generator der Kraftübertragung Lauffen-Frankfurt, die zeitliche Entwicklung der elektrischen Geräte- und Anlagentechnik.

Die Hochspannungsanlage dieses Saales ist mit täglich drei Vorführungen ein beliebtes Ziel der Museumsbesucher. Sie lernen dabei die Hochspannungstechnik durch Wechselspannungen von 50 Hertz bis zu 300.000 Volt und durch Impulsspannungen bis zu 800.000 Volt von zwei millionstel Sekunden Dauer kennen, mit der Blitzeinschläge in Gebäude simuliert werden.

fh

Erzeugung elektrischer Energie: Im Vordergrund steht ein sehr früher Turboläufer der Firma BBC von 1902, dahinter der Generator der ersten Drehstrom-Übertragung der Welt von Lauffen nach Frankfurt, eine Klauenpolmaschine der Firma Oerlikon aus dem Jahr 1891.

Bei Wechselspannungen bis 300.000 Volt mit dem Transformator werden Gleitentladungen und Schutzwirkung eines Faradayschen Käfigs, Spannungsmessungen mit einer Kugelfunkenstrecke, elektrische Feldlinien, wandernde Lichtbögen und Kraftwirkung elektrischer Ströme demonstriert. Bei Spannungen bis zu einer Million Volt mit dem Stoßgenerator sind simulierte Blitzeinschläge in ein Kirchenmodell und in Bäume sowie Verdampfen eines dünnen Drahtes möglich.
Diese Aufnahme der Hochspannungsanlage (dahinter ein Großfoto des Kernkraftwerkes Biblis A) entstand durch Mehrfachbelichtung; die Sicherheitseinrichtungen lassen es nämlich nicht zu, mehr als ein Versuchsgerät gleichzeitig in Betrieb zu nehmen.

Energietechnik

»Energie kann nicht erzeugt, sondern nur von der einen Form in die andere umgewandelt werden.«

Julius Robert Mayer, 1842

Das Thema Energie findet sich in vielen Ausstellungen des Museums, beispielsweise als Primärenergie in den Bereichen Bergbau oder Erdöl, als Sekundärenergie in der Starkstromtechnik oder als Energiedienstleistung »Transport von Personen und Gütern« in den Verkehrsabteilungen. Es fehlte jedoch eine übergreifende Darstellung der Ursachen und Folgen unseres Energieverbrauchs.

Es liegt nahe, eine Abteilung Energietechnik mit der Frage nach dem Bedarf an Energie beginnen zu lassen. Der Wunsch nach Wärme, Licht, mechanischer Energie und Kommunikation ist der Auslöser für den Einsatz von Energieträgern in Energiewandlungsketten. Was zunächst sehr abstrakt klingt, lässt sich hautnah an einem Energiefahrrad erleben, wo mit Muskelkraft Gewichte gehoben oder Wasser erhitzt wird.

Wofür verbraucht eine Durchschnittsfamilie Energie und wie verteilt sich dieser Bedarf weltweit? Interaktive Systeme liefern auf diese und ähnliche Fragen Antworten.

Das CO_2-Problem verstärkt die Suche nach kohlenstofffreien Energieträgern und effizienten Energiewandlern. Die Ausstellung befasst sich deshalb schwerpunktmäßig mit Sonnenenergienutzung und Kernenergie. Neben der geschichtlichen Entwicklung zeigt sie Chancen und Risiken der damit verbundenen Technik.

Wie viel Sonnenenergie steht uns zur Verfügung? Ein Solarimeter auf dem Museumsdach misst die Sonneneinstrahlung, der Solarspringbrunnen vermittelt mit seinen wolkenabhängigen Schwankungen ein Gefühl für die Abhängigkeit der verfügbaren Sonnenenergie von Tageszeit und Wetter. Die Originalspiegel eines Parabolrinnenkollektors zeigen die Wirkungsweise moderner Anlagen.

Seit den 50er Jahren des letzten Jahrhunderts tragen Kernspaltungsreaktoren weltweit zur Stromerzeugung bei. Der Weg in der Ausstellung führt von der Brennstoffherstellung über die Wirkungsweise von Reaktoren bis zur Frage der Endlagerung radioaktiver Abfälle. Die Verschmelzung von Atomkernen (Kernfusion) ist das Ziel internationaler Forschungsprojekte. Die Originalspule eines Stellarators und der Ausschnitt eines Tokamaks verdeutlichen die schwierigen physikalischen Rahmenbedingungen dieser Technologie. *sh*

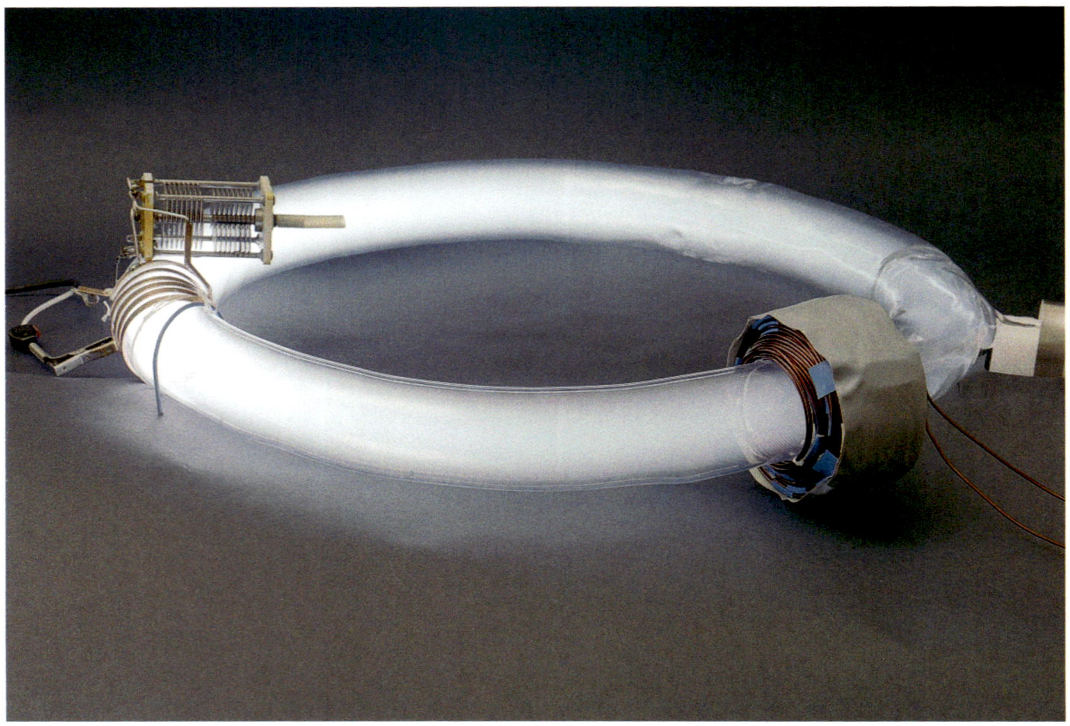

Das Plasma eines Fusionsreaktors wird durch Magnetfelder eingeschlossen. Die Demonstration zeigt, wie Plasmaströme durch Magnetfelder beeinflusst werden.

Eine Energiespirale ohne Ende? Am zentralen Punkt dieser Ausstellung kann man sich über den weltweiten Vebrauch der unterschiedlichen Energiearten informieren.

Energietechnik

Blick auf die Tafeln zum Thema Sonnenenergie in der Ausstellung Energietechnik. Erneuerbare Energien wie Wind oder Wasser werden in Zukunft einen immer größeren Stellenwert einnehmen. Eine Videoinstallation vermittelt wissenswerte Einzelheiten.

Dieses Arbeitsmodell im Maßstab 1 : 1 zeigt das Fusionsexperiment ASDEX Upgrade des Max-Planck-Instituts für Plasmaphysik.

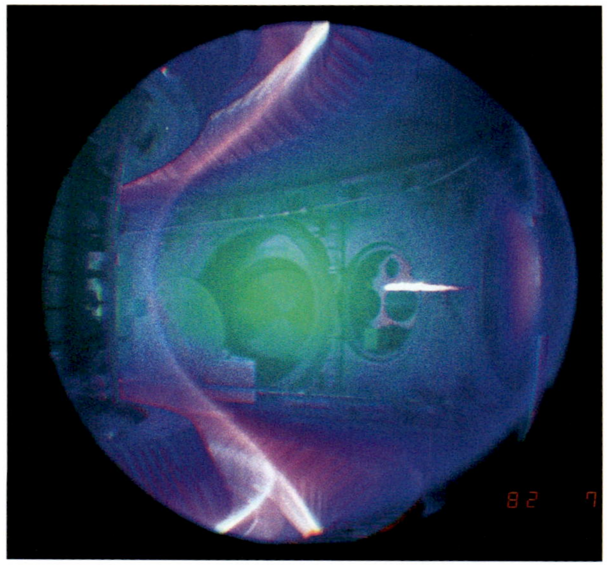

Fusionsapparatur ASDEX Upgrade des
Max-Planck-Instituts für Plasmaphysik in Garching,
1989.

KOMMUNIKATION

Von den Felszeichnungen der Altamira-Höhle zu Multimedia: Kommunikation ist immer dann im Spiel, wenn Menschen miteinander umgehen, Informationen austauschen, Wissen erwerben, religiöse Handlungen vornehmen oder sich unterhalten.

Der Gebrauch von Bildern markiert den Übergang vom Hominiden zum Homo sapiens. Die Entwicklung von Buchstaben- und Zahlensymbolen um 3000 v.Chr., mit denen ein beliebiger Sachverhalt auf abstrakte und einfache Art dargestellt werden kann, ist wohl die wichtigste kulturelle Leistung des Menschen. Seit dieser Zeit wurden die Kommunikationsformen und -techniken in vielfältiger Weise verfeinert: Hierzu gehören Druck- und Papiertechnik, die ab Mitte des 15. Jahrhunderts breiten Bevölkerungsschichten schriftliches Wissen zugänglich machten, Musikinstrumente sowie Fotografie und Film, die für eine nie zuvor da gewesene Bilderflut in der modernen Gesellschaft sorgten. Die Wissenschaft der Informatik und die Errungenschaften der Mikroelektronik schließlich ermöglichten es, die Datenübermittlung mit Hilfe des elektrischen Stroms von den frühen Telefonen eines Philipp Reis bis zum weltumspannenden Informationssystem des Internets auszubauen.

Drucktechnik

»Ja, die Buchdruckerkunst ist ein Faktor, von dem ein zweiter Teil der Welt- und Kunstgeschichte datiert, welcher von dem ersten ganz verschieden ist.«

Johann Wolfgang von Goethe, »Gespräche mit Johann Christian Lobe«, Juli 1820

Links eine der ältesten erhaltenen Schnellpressen (1844); in der Mitte eine frühe Maschine für den Bogentiefdruck; rechts eine Guillochiermaschine, die die Muster auf Wertpapieren zeichnet.

Drucktechnik

Vor dem Porträt des Erfinders
des Buchdruckverfahrens, Johannes Gutenberg.

Verpackung, Zeitung, Buch – Druckprodukte, mit denen wir täglich umgehen und die selbstverständlich erscheinen. Das Buchdruckverfahren geht auf den Mainzer Patrizier Johannes Gutenberg zurück. Er schuf um 1440/50 ein Gesamtsystem, das Texte in beliebiger Anzahl zu vervielfältigen vermochte: an der Schwelle zur Neuzeit eine Medienrevolution. Oft hat man den Printmedien den baldigen Tod durch Rundfunk, Fernsehen oder Internet vorhergesagt. Die Zahl spezalisierter Fachzeitschriften und der Neuerscheinungen auf dem Buchmarkt steigt dennoch. Es scheint, dass Gedrucktes der Eigenart des Menschen besonders nahekommt, und so wird die Drucktechnik auch im 21. Jahrhundert eine wichtige Rolle im Medienkonzert spielen.

Drucktechnik gehörte von Beginn an zu den Sammelgebieten des Deutschen Museums. Die erste Ausstellung im alten Nationalmuseum von 1906 verstand das Thema sogar breiter als heute. Als textvorbereitender Stufe war der Maltechnik ein Fünftel der Fläche gewidmet, und die Fotografie, die die Vorlagen für den Bilderdruck liefert, war ein integrativer Bestandteil der Ausstellung. Die neuen Räume auf der Museumsinsel boten ab 1925 Platz, Originalmaschinen auszustellen und Großinszenierungen zu schaffen. Die dritte Ausstellung wurde 1965 eröffnet. Sie war nach den Druckprinzipien Hochdruck, Tiefdruck und Flachdruck gegliedert, veraltete aber durch den Wandel im grafischen Gewerbe sehr rasch. Heute spannt die Ausstellung Drucktechnik den Bogen vom Setzkasten bis zum Desk-Top-Publishing und vom hölzernen Handtiegel zur Offsetdruckmaschine.

Viele Druckprodukte werden in mehreren Arbeitsschritten geschaffen, daher ist neben der Übernahme von Maschinen die Dokumentation der einzelnen Verfahren in Druckproben und Entwicklungsreihen ein wichtiger Schwerpunkt des Sammelns. Glanzstücke des Bestandes sind die Originale wichtiger Erfinder wie Senefelder oder Meisenbach, die in den ersten Jahren des Deutschen Museums übernommen werden konnten, und die seither zur Präsentation gehören. Aber auch Verfahren, die nur wenige Jahre alt und heute schon fast wieder vergessen sind, wie die Anfänge des Fotosatzes oder des Offsetdrucks, sollen in einigen wichtigen Belegen für die Nachwelt bewahrt werden. *wg*

Eine Multimediastation erklärt den Besuchern
die Druckwerkstatt um 1800.

Die Hochdruckrotationsmaschine VOMAG (1925) ist kompakt gebaut und benötigt wenig Stellplatz. Sie druckt eine 16seitige einfarbige Zeitung mit 8000 Exemplaren pro Stunde und erbringt damit die zehnfache Leistung einer Schnellpresse.

Wanderung durch
die Druckstube
Gießen
Setzen
Drucken
Zum Anfang

Foto und Film

»der fanatische eifer, mit dem heute das fotografieren in allen kreisen betrieben wird, deutet darauf hin, daß der fotografie-unkundige der analfabet der zukunft sein wird.«

László Moholy-Nagy, 1927

Die Fotografie, das »Zeichnen mit Licht«, hat sich im Laufe ihrer über hundertjährigen Geschichte zu einem omnipräsenten Informationsmedium entwickelt. Die Dokumentation dieser Kulturtechnik setzte unmittelbar mit der Gründung des Museums auf höchstem Niveau ein und hat durch die deutsche Fotoindustrie, jahrzehntelang führend in Europa, kontinuierliche Unterstützung erfahren. Auch dem Lichtbild selbst, mit seinen vor allem in der Frühzeit höchst vielfältigen Aufnahme- und Kopierverfahren, wurde besondere Aufmerksamkeit zuteil.

Das »lebende Bild«, das durch die Kinotechnik neue Dimensionen der Wahrnehmung eröffnete, bildet mit frühen Kameras und Projektoren einen weiteren Sammlungsschwerpunkt, der heute mit der Video- und Fernsehtechnik im Telekommunikationsbereich fortgeführt wird.

Sonderausstellungen reagierten in den letzten Jahren auf aktuelle Fragestellungen, die durch interaktive Multimediasysteme und die bildgebenden Verfahren in der Medizintechnik aufgeworfen wurden.

Die Entwicklung, die in den 60er Jahren mit der Automatisierung der Aufnahmetechnik durch die Elektronik begann und heute mit dem digital erzeugten Bild vielfältige Simulationen ermöglicht, wird künftig einen Kontrapunkt zu den historischen Zeugnissen bilden. Jüngere Verfahren der visuellen Information haben die Herrschaft des analogen Bildes weitgehend verdrängt; mit dem »technischen« Bild und seiner Konstruktion der Wirklichkeit öffnen sich faszinierende Ausblicke in aktuelle Wissenschaftsbereiche, wie etwa die Nano- und Gentechnik oder die Erforschung des Weltraums. *ck*

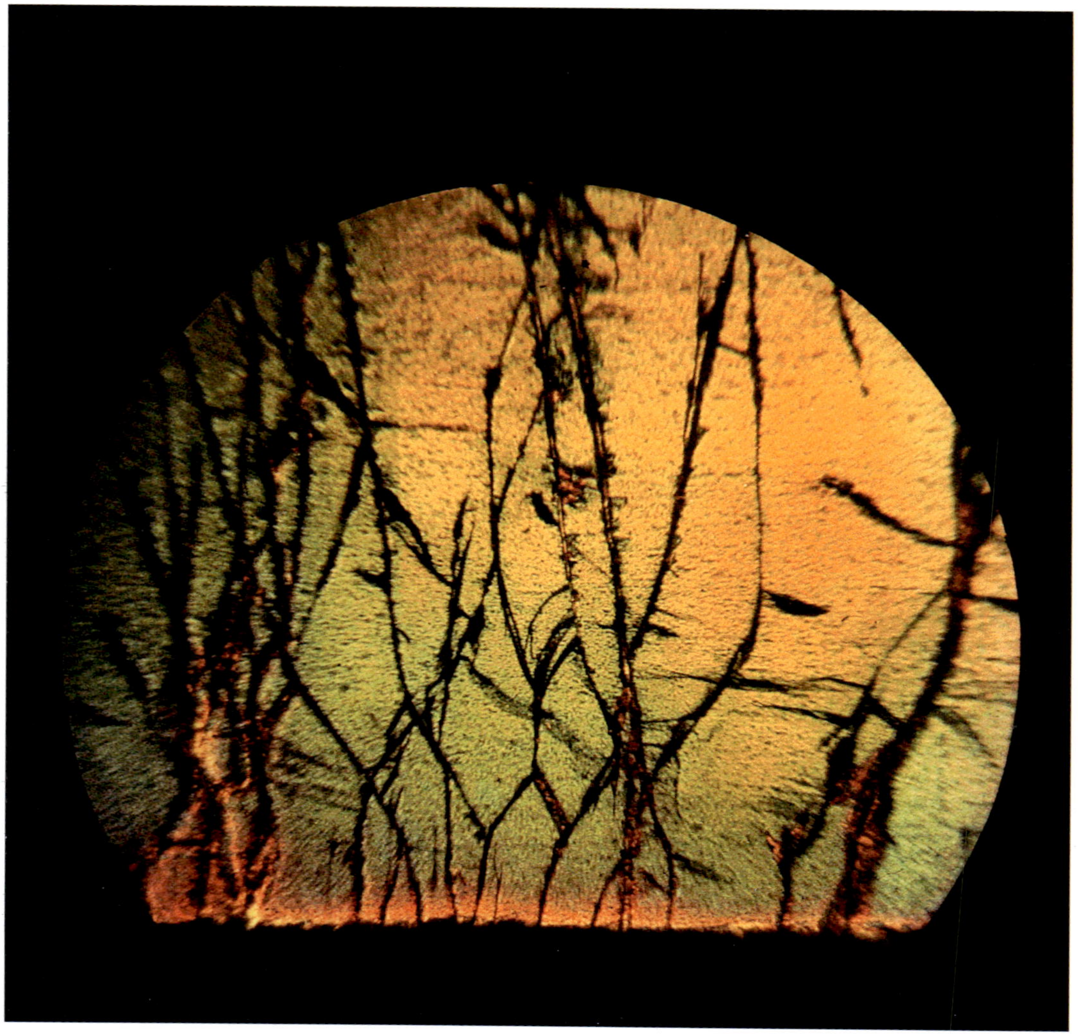

Die farbige Mikrofotografie eines Gesteindünnschliffes, ein Autochrom der Brüder Lumière von 1909, entstammt der umfangreichen Sammlung zur Geschichte der fotogtafischen Verfahrenstechniken (Originalmaß: 9 x 12 cm).

Längst gewinnen wir optische Informationen auch außerhalb der klassischen Fotografie. Die Sonderausstellung »unter die Haut« (1999) lenkte den Blick auf die bildgebenden Verfahren in der Medizintechnik.

Informatik

»Der Vorteil, der darin liegt, dass man sich von Zufälligkeiten der technischen Entwicklung frei macht, um zu tragfähigeren Aussagen zu kommen, ist nicht gering zu veranschlagen.«

Friedrich L. Bauer, 1970

Arithmetik und Geometrie, Holzschnitt um 1475; aus Rodericus Zamorensis »Der Spiegel des Lebens«, Augsburg um 1475.
Der Holzschnitt zeigt links den rechnenden Kaufmann, dessen Instrument aus dem Tisch mit Linienschema und den auszulegenden und abzuzählenden Rechenmünzen besteht. Der Baukonstrukteur rechts im Bild arbeitet mit Reißbrett, Reißschiene, Zirkel und rechtem Winkel. Beide lösen ihre Probleme, indem sie ihre Instrumente nach festgelegten Regeln anwenden. Bei der grafischen Arbeit am modernen Computer sind diese Instrumente als Softwaretools wiedergekehrt.

Dies schrieb der Mitbegründer der technischen Wissenschaft Informatik in Deutschland, Friedrich L. Bauer, 1970 im Vorwort seines einflussreichen Lehrbuchs für die neue Disziplin. Was mit den »Zufälligkeiten« gemeint war, ist nirgends besser zu sehen als im Museum, wo die Entwicklung über Jahrhunderte besichtigt werden kann. Nach Bauer sollte die Informatik abstrakter und allgemeiner sein als die traditionellen Ingenieurwissenschaften, jedoch nicht so abstrakt wie die Mathematik. Nicht wenige Ingenieure sahen in der zugespitzten Formulierung des Mathematikers, der die neue technische Wissenschaft Informatik definierte und abgrenzte, eine Provokation.

Achtzehn Jahre später initiierte und gestaltete Friedrich L. Bauer im Deutschen Museum die ständige Ausstellung zum Thema Informatik. Getreu der Vorgabe Oskar von Millers präsentierte man die Meisterwerke der traditionellen instrumentellen und maschinellen Mathematik neben jenen der Informatik in historischer Reihenfolge. An der Schnittstelle finden sich die Rechenautomaten Z3 und Z4 von Konrad Zuse. Von Anfang an gab es kritische Stimmen, die meinten, dass die aufgestellten mathematischen Instrumente, Rechenmaschinen und Computer die Informatik nicht repräsentieren könnten, wobei sie sich auf Bauers eigene, oben zitierte Vorstellungen beriefen.

Dass die Ausstellungen im Deutschen Museum die Disziplinen der Naturwissenschaft und Technik nur innerhalb enger Grenzen widerspiegeln können, wurde bei der noch immer jungen Informatik vielleicht besonders deutlich empfunden. Dabei ist das Problem so alt wie das Museum und stellte für dessen anhaltenden Erfolg kein Hindernis dar. Schon bei der Museumsgründung war Walther von Dyck, Professor für Mathematik an der Münchener Technischen Hochschule und gewichtiger Mitarbeiter Oskar von Millers, der Meinung, dass auch die Mathematik einen prominenten Platz

Fortsetzung Seite 208

Zu den ersten selbstentwickelten Rechnern, welche die Industrie in der alten Bundesrepublik produzierte, gehörten der gut sichtbare Telefunken TR 4 (1962) und der sich in den Glasscheiben spiegelnde Siemens 2002 (1959), vor dem zwei Operatoren mit weißen Mänteln aufgestellt wurden. Im Hintergrund ist das ebenfalls in Deutschland entwickelte Modell 20 der Rechnerfamilie IBM 360 zu erkennen.

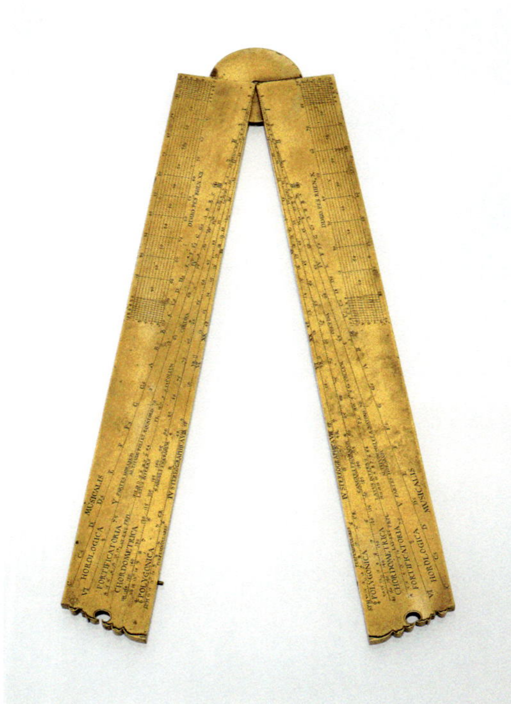

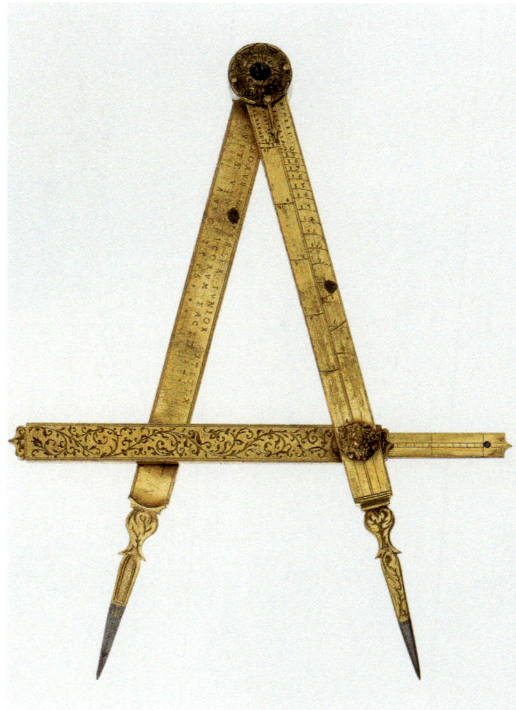

Die zunehmende Anwendung rechnender Verfahren in Naturwissenschaft und Technik erforderte genaue und vielfältige Skalen auf den einfachen mechanischen Instrumenten.

Proportionalzirkel aus Messing, Mitte 17. Jh., deutsch oder niederländisch (oben links).

Universalzirkel (oben rechts) mit Quersteg von Christoph Schissler, 1586, vergoldete Bronze. Signatur: »Christophorus Schissler junior artifex Augustae vindelicorum faciebat Anno 1586«.

Winkelmesser, 1653, Messing vergoldet (links).

Schon bei seiner Gründung richtete das Deutsche Museum auch eine Ausstellung zum Thema Mathematik ein; das Bild zeigt sie nach 1925. Die 1988 eröffnete Ausstellung Informatik griff die mathematischen Instrumente aus neuem Blickwinkel auf.

13-stelliger Suan-pan (chinesischer Abakus), um 1980. Das Rechnen mit dem Abakus ist eng verwandt mit dem Rechentisch des Kaufmanns im 15. Jahrhundert und erfordert ein ständiges begleitendes Kopfrechnen.

Informatik

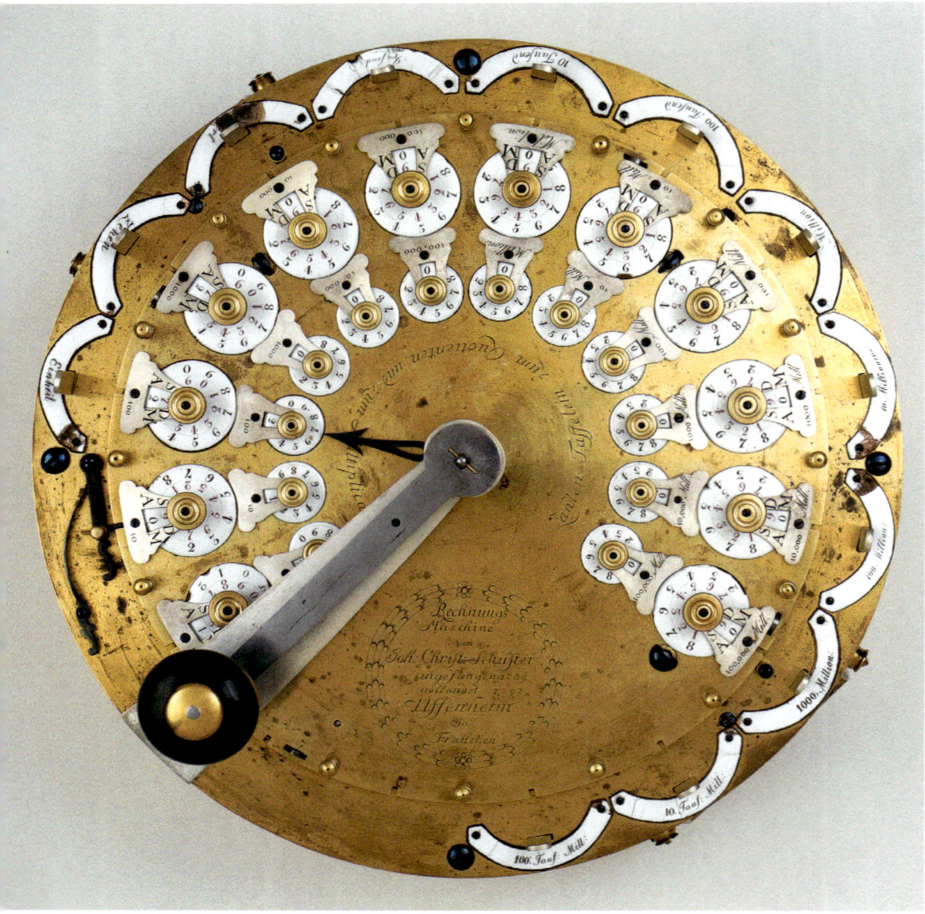

Rechenmaschine von Johann Christoph Schuster, 1792.

finden müsse, stellte sie doch einen entscheidenden Teil der modernen Wissenschaften und Technik dar. Seine 1925 zur Eröffnung des neuen Museumsgebäudes auf der Insel formulierten Sätze lassen die vorangegangene Kritik seiner Fachkollegen ahnen: »Wesen, Inhalt und Ziele der mathematischen Forschung in ihrer Gesamtheit vor Augen zu führen, kann nicht Aufgabe eines Museums sein; aber die Richtungen, nach welchen das sinnliche Objekt in der Mathematik Selbstzweck ist oder als Mittel zum Zweck dient, können aufgewiesen werden. Damit ist, wenn auch nur ein kleiner Teil der Mathematik, so doch ein großer Kreis von mathematischen Fragestellungen bezeichnet, welche seit alten Zeiten den Geist des Menschen angezogen haben und die er mit Phantasie und Scharfsinn zu lösen sich bemühte.«

Diese Aussage lässt sich unmittelbar auf die der Mathematik verwandte Informatik übertragen. Es ist aufschlussreich, die für verschiedene Rechenarbeiten benutzten Instrumente und Maschinen als Vorläufer des modernen Computers zu interpretieren und die Unterschiede zu suchen. Mathematische Zusammenhänge und Funktionen wurden über Jahrhunderte mittels Skalen und Mechanismen für das menschliche Auge unmittelbar wahrnehmbar gemacht, um die Rechenarbeit zu erleichtern. Aus heutiger Sicht erkennt man, dass dieser Vorteil mit den immer stärker empfundenen Grenzen der mechanischen Technik erkauft wurde. Der elektronische, softwareregierte Computer hat die Verhältnisse umgedreht: Alles, was die so vielfältigen mechanischen Instrumente und Maschinen leisten können, kann der Computer auch. Seine Möglichkeiten reichen jedoch weit darüber hinaus – bis zur Universalität. Der historische und technische Schritt zum Computer bedeutete auch den Verzicht auf die unmittelbare sinnliche Wahrnehmung der mathematisch-technischen Vorgänge. Wer mit ihm umgeht, muss selbst festlegen, was am Bildschirm oder Lautsprecher sichtbar oder hörbar werden soll. Alles Übrige bleibt verborgen. *hp*

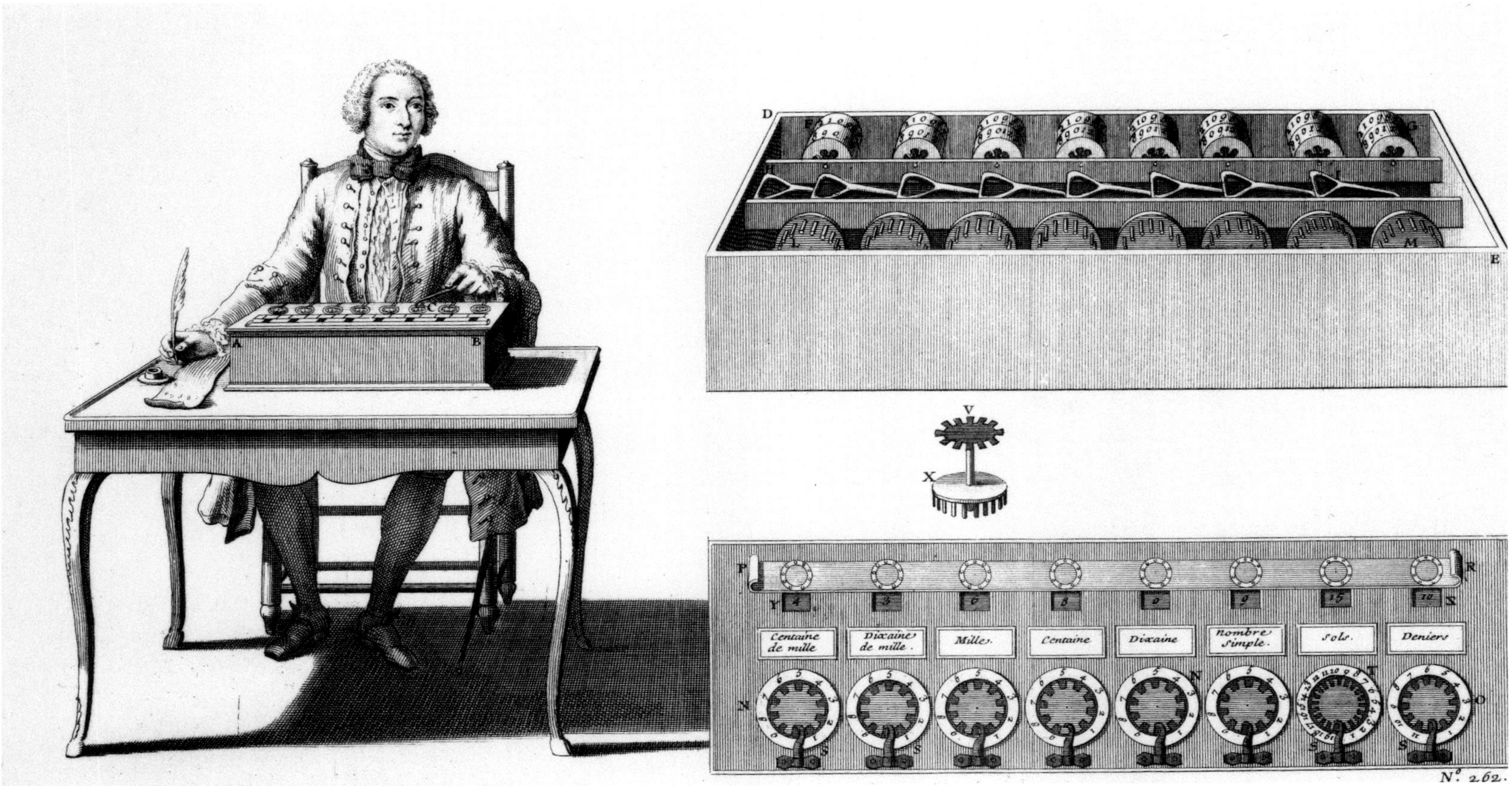

Ganz wie der Kaufmann im 15. Jahrhundert vor seinem Rechentisch, so saß der französische Steuerbeamte im 17. Jahrhundert vor dem Tisch mit der von Blaise Pascal entwickelten Addiermaschine und einem Blatt mit Zahlenspalten.

Linke Seite unten: Rechenmaschine von Gottfried Wilhelm Leibniz, um 1710, (Nachbau von 1923), Innenansicht von unten.
Im letzten Viertel des 17. Jahrhunderts führte Gottfried Wilhelm Leibnitz die Kurbel als wichtigen Baustein für die Rechenmaschine ein. Während der eine Faktor Ziffer für Ziffer eingestellt werden musste, entsprach die Zahl der Kurbeldrehungen dem anderen Faktor. Es entstand die mühlenartig funktionierende Rechenmaschine, an die 200 Jahre später unmittelbar ein Elektromotor angekoppelt werden konnte. In der im 18. Jahrhundert aufkommenden runden Anordnung der gesamten Maschine kommt der Mühlencharakter noch stärker zum Ausdruck. Dabei waren die einzelnen Ziffern, die zur Resultatzahl zusammengesetzt werden müssen, schwer ablesbar. Die routinemäßige Anwendung der Rechenmaschine im 19. Jahrhundert führte schnell zur kastenförmigen Anordnung zurück, auf der die einzelnen Stellen der Ergebniszahl in einer Zeile angeordnet waren.

Informatik

Programmgesteuerter Rechenautomat Z4
von Konrad Zuse, 1945 bzw. 1949.
Die Z4 ist die vierte Version des programmgesteuerten digitalen Rechenautomaten von Konrad Zuse. Sie arbeitete fünf Jahre lang im Routinebetrieb an der Eidgenössischen Hochschule Zürich.

Die glänzenden Glaskörper der zahlreichen aus der Frontseite herausragenden Elektronenröhren waren typisch für die frühen elektronischen Computer. Zu ihnen gehört auch die Anfang der 50er Jahre entstandene »Programmgesteuerte Elektronische Rechenanlage München«(PERM). Als deren Betrieb an der TU München 1974 beendet wurde, arbeitete man in den USA bereits an der Entwicklung des kompakt aufgebauten Höchstgeschwindigkeitsrechners Cray I. Während die PERM in jeder Sekunde rund 10.000 einzelne einfache Multiplikationen innerhalb eines umfangreichen Programms bewältigte, schaffte die Cray I in derselben Zeit 80 Millionen. Bei Zuses Z4 dauert eine einzige Multiplikation drei Sekunden.

Höchstgeschwindigkeitsrechner Cray I.

Programmgesteuerte Elektronische Rechenanlage München (PERM), 1956.

Telekommunikation

»Sagt Barteczek, daß der elektromagnetische Telegraph zwischen Baltimore und Washington außergewöhnliche Resultate ergibt. Oft werden die Aufträge, die um 1 Uhr aus Baltimore erteilt werden, schon nachmittags ausgeführt, und die Waren und Pakete sind um 3 Uhr zum Fortschicken aus Washington bereit – und die kleinen Pakete, die um 4:30 verlangt werden, kommen mit dem 5-Uhr-Convoi um 7:30 aus Washington in Baltimore an. 75 englische Meilen – 25 französische. Das geht schnell, will ich meinen!!«

Frédéric Chopin, Juli 1845

Blick in den Eingangsbereich der 1990 eröffneten
Ausstellung Telekommunikation.

Telekommunikation

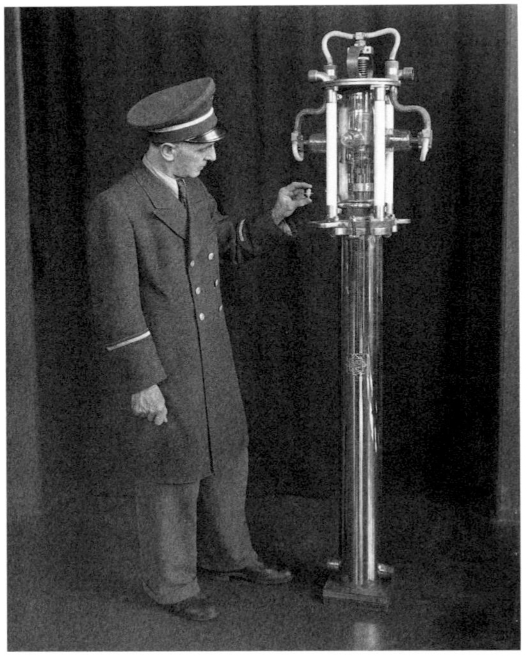

Senderöhren für Funk und Rundfunk, nach 1932. Ein Aufseher steht vor der Senderöhre RS 300 der Firma Telefunken. In seiner linken Hand hält er eine kleinere Senderöhre, die sogenannte Eichelröhre. Das Foto entstand 1951.

Die Übermittlung von Nachrichten soll schnell sein – sei es, um Vorteile gegenüber anderen zu erhalten oder mit der Entwicklung von Verkehrsmitteln allgemein Schritt zu halten. Dies galt von Anbeginn der Menschheitsgeschichte. Die Feuersignaltechnik in der griechischen Antike oder die mechanisch-optische Telegrafie nach der französischen Revolution blieben jedoch singuläre Ansätze. Mit dem Erforschen elektrischer Phänomene um 1800 konnte schließlich die nahezu Lichtgeschwindigkeit erreichende elektrische »Wirkung« über Leitungen genutzt werden. An beiden Enden solcher Leitungen standen bald elektromagnetische Telegrafen. Neben der Schnelligkeit kamen noch andere Kriterien ins Spiel: Betriebssicher und wirtschaftlich sollte das Telegrafiesystem sein und zudem verschiedene Grade der Geheimhaltung der Nachrichten erlauben.

Das Telefon, das neben der Sprache keine zusätzliche Codierung benötigt, hielt um 1880 langsam Einzug. Noch hundert Jahre später galt das Telefonnetz mit seinen Vermittlungsknoten und seiner internationalen Ausbreitung als Synonym für einen effektiven Nachrichtenaustausch zwischen einzelnen Personen. Neben den leitungsgebundenen Systemen kamen um 1900 drahtlose hinzu, die nach dem Ersten Weltkrieg auch Hörrundfunk und später Fernsehrundfunk ermöglichten. Die Unterhaltungselektronik ergänzte nach dem Zweiten Weltkrieg den zunehmenden Bedarf an medialen Informations- und Vergnügungsmitteln. Einhergehend mit der Leistungsfähigkeit von Rechnern und der Miniaturisierung durch die Mikroelektronik entstanden in den letzten zwanzig Jahren neuartige Systeme, die gleichzeitig Sprache, Texte und Bilder übertragen können. Multimedial, integriert, digitalisiert und mobil sind die Schlagworte, die den Trend der Techniken und Dienste in der Telekommunikation kennzeichnen.

Gute Technik ist wissenschaftliche Technik, vernahm man um 1900 in den Sonntagsreden der Wissenschaftler, Ingenieure und Industriemanager in Deutschland. So bildeten auch Telegra-

Der Saal »Telegrafie« in den 30er Jahren. Links der elektrochemische Telegraf von Soemmerring, in der Mitte das zum Telegrafieren benutzte Messinstrument von Gauß und Weber. Rechts steht der elektromagnetische Telegraf von Steinheil.

fie, Telefonie und Funktechnik Unterabteilungen der Ausstellung Physik. Fonografen und Grammofone waren in der »physikalischen Akustik« zu sehen. Die Besucherführung war so gestaltet, dass man von den physikalischen Grundlagen zu deren »Anwendung« in der Technik gelangte. Der zuständige Konservator, Dr. Franz Fuchs, war Physiker und bestrebt, dem Publikum stets die neuesten technischen Errungenschaften zu präsentieren. Musikdarbietungen über einen von Siemens entwickelten Großlautsprecher, den »Riesenblatthaller«, erfreuten die Besucher, einige Anwohner beschwerten sich ob der Lärmbelästigung. Allgemeines Interesse erweckte dagegen um 1930 die Gegenseh-Sprechzelle vom Reichspostzentralamt – wohl der erste Versuch, die Bildtelefonie einzuführen. Den Propagandaerfolgen des Fernsehens bei der Olympiade von 1936 folgte ein Jahr später eine Fernsehsonderschau, die den Sammlungsbestand zu diesem Thema wesentlich erweiterte.

Nach dem Zweiten Weltkrieg ging man in Deutschland langsam dazu über, die verschiedenen Arten der Nachrichtenübermittlung unter dem Begriff Nachrichtentechnik zusammenzufassen und als gegenüber der Physik und Elektrotechnik eigenständige Disziplin zu begreifen. 1961 bittet der Vorstand des Deutsche Museums den renommierten Professor Hans Piloty, den Vorsitz eines Kuratoriums zu übernehmen, welches eine Abteilung »Nachrichtentechnik« einrichten sollte. Man konnte dafür als Obmänner so berühmte Personen wie Wilhelm Runge gewinnen, der die Entwicklung der Hochfrequenz- und Radartechnik in Deutschland wesentlich bestimmt hatte. 1968 fand die feierliche Eröffnung der Ausstellung statt, die auch das Gebiet der Informationsverarbeitung umfasste. Besonders die enorme Ausweitung dieses Gebietes führte dazu, Nachrichten- und Computertechnik wieder zu trennen. Die jetzigen Ausstellungen Informatik, Mikroelektronik und Telekommunikation, 1988 bis 1990 eröffnet, sind Ausdruck einer gleichermaßen an akademischen Disziplinen wie industriellen Sparten ausgerichteten Fachgebietseinteilung im Deutschen Museum.

Um 1925 sollten die vielfältigen Formen der digitalen und analogen, der drahtgebundenen und drahtlosen Techniken für Telegrafie, Telefonie, Rundfunk und Speicherung vornehmlich in ihren Prinzipien erklärt werden: Demonstrationen über zu Grunde liegende physikalische Effekte folgten solche über die wesentlichen Funktionsweisen der technischen Apparate und Anlagen. Über den sorgsam und meist chronologisch in Vitrinen aufgereihten technischen Meisterwerken konnte man die Porträts der genialen Schöpfer oder Ölgemälde vom erfolgreichen Aufbau oder Einsatz der jeweiligen Technik betrachten. Opernübertragungen über das Telefon oder flimmernde Fernsehbilder bildeten weitere Publikumsmagneten.

Beim Aufbau der Nachrichtentechnik und dann der Telekommunikation verschoben sich die Kriterien der Darstellung. Die Leistungen der

Gegenseh- und Sprechzelle des Reichspostzentralamtes Berlin, 1929. Wie auch bei Fernsehversuchen üblich, erfolgte die Abtastung der Person ebenso wie der Bildaufbau dieser Vorform eines Bildtelefons mit einer Nipkow-Scheibe.

Industrie und Fernmeldebehörden, die sich allzu oft in unanschaulichen grauen Kästen manifestierten, bedurften einer Differenzierung, die sich in Bereichen wie Vermittlungstechnik, Übertragungstechnik und Signalbearbeitung niederschlug. Funktionalität wie auch die Bedeutung der einzelnen Techniken für den Nutzer wurden nun in den Vordergrund gestellt. Schnittmodelle, Demonstrationen, Grafiken, Fotos und knappe Texte konnten selbst Experten neue Einsichten vermitteln. Die enge Verquickung von Nachrichten- und Medientechnik führte dazu, den Aspekt des Infotainments verstärkt aufzunehmen. Pixel für Pixel entwickelten Software-Experten anschauliche Fließgrafiken, und Hypertextstrukturen ermöglichen nun, unterschiedliche Aspekte der gesellschaftlichen Bedeutung der Technik in das Blickfeld zu rücken. The medium is the message? Beobachtet man die Kinder und Jugendlichen im Umgang mit modernen multimedia- und internetfähigen Vermittlungsanlagen, scheint dies zuzutreffen. *ob*

Funksender mit Lieben-Röhre von Alexander Meißner, 1913.
Mit diesem Versuchssender der AEG und der Gesellschaft für drahtlose Telegrafie konnte Sprache drahtlos übertragen werden. Die dafür entwickelte Rückkoppelungsschaltung bildete die Grundlage für den Rundfunk und die Mobiltelefonie.

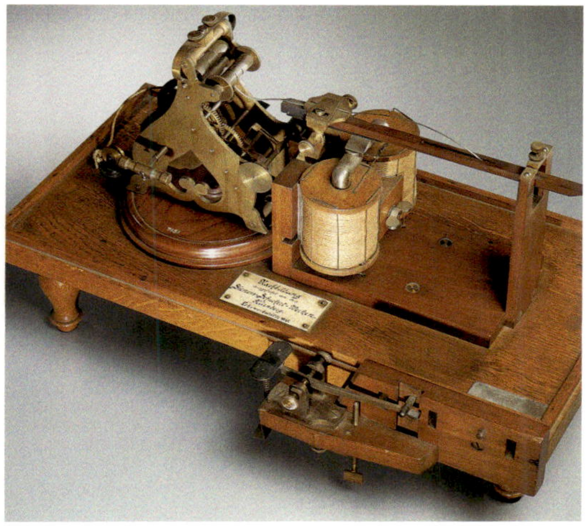

Oben links: Schreibtelegraf von Steinheil, 1836.
Oben Mitte: Schreibtelegraf von Morse, 1846 (Nachbau)
Mitte links: Telefon von Philipp Reis, 1863.
Mitte: Telefon von Alexander Graham Bell, 1877 (Schnittmodell).
Unten Mitte: Detektorempfänger (Amateurgerät), 1925.
Oben rechts: Fonograf von T. A. Edison, um 1900.
Unten rechts: Trichter-Grammofon der Deutschen Grammophon AG, um 1905.

Oben: Weillersches Spiegelrad von August Karolus und der Telefunken GmbH, 1928.
100 gegeneinander versetzte Spiegel lenkten das Licht der zu übertragenden Szene zeilenförmig auf die Fotozelle. Beim Empfänger projizierte ein sich synchron drehendes Spiegelrad das Fernsehbild auf eine Mattscheibe.

Unten: Satelliten-Empfangsanlage der Kathrein-Werke KG, 1989.
Die 60-cm-Parabolantenne empfängt die Fernsehbilder vom Satelliten Astra. Ein integrierter Umsetzer setzt die Frequenz der Empfangssignale in eine niedrigere Frequenz um und verstärkt die Signale. So können sie im Fernsehempfänger verarbeitet werden.

Vitrine mit Fernsehkameras, 1990.
Im Vordergrund steht die Studio-Farbkamera Philips LDK3, die 1967 im ersten Farbübertragungswagen in der BRD verwendet wurde. Drei Plumpikon-Aufnahmeröhren wandeln die Farben Rot, Grün und Blau in Fernsehsignale um.

Handvermittlungsplatz von E. Zwietusch & Co., 1905. Der Klappenschrank enthält 50 Teilnehmeranschlüsse. Das »Fräulein vom Amt« erfüllt einen Verbindungswunsch, indem sie die Anschlussklinken der entsprechenden Teilnehmer mit einem Schnurstöpselpaar verbindet.

Hebdrehwähler der Siemens & Halske AG, 1922. Der Hebdrehwähler kann hundert Teilnehmer automatisch vermitteln. Bei einer Wahl der Nummer 23 würde er sich in zwei Hebschritten und drei Drehschritten einstellen.

VERKEHR

Verkehr und Fortbewegung sind menschliche Grundbedürfnisse: Zu allen Zeiten brauchten Händler und Reisende Wege. Auch in der modernen Industriegesellschaft mit ihrer länderübergreifenden Ökonomie ist eine leistungsfähige Verkehrsinfrastruktur grundlegend. Die Mittel zur Fortbewegung haben sich im Lauf der Geschichte jedoch erheblich verändert. Am Anfang der Entwicklung stand der Fußgänger. Mit der Erfindung des Rades und der Achse, auf der ein Kasten zum Beladen oder Hineinsetzen befestigt wurde, entstand vor Jahrtausenden das bis heute gültige Prinzip der Fortbewegung zu Lande. Mit dem Einsatz des Rades wurde auch der Bau von Verkehrswegen erforderlich, auf denen das Gefährt rollen konnte. Die Schifffahrt, so alt wie der Landverkehr, nutzte zunächst nur natürliche Wasserwege. Der Mensch ersann und baute aber bereits in der Antike Kanäle, um diese Wasserwege tief ins Binnenland zu verlängern.

Die Entstehung der modernen Welt im 19. Jahrhundert revolutionierte wie alle anderen Bereiche des Lebens auch das Verkehrswesen. Im Zeitalter der Industrialisierung geriet die Welt in Bewegung: Große Warenmengen wurden produziert und transportiert. Großstädte entstanden und mit ihnen umfassende Personen- und Güterströme: Zu Lande bewältigte die Eisenbahn den steigenden Verkehr, Hochseeschiffe brachten zu Wasser die Produkte in alle Welt. Wie andere Bereiche der Technik erfuhr auch das Verkehrswesen eine »Maschinisierung«: Statt Wind- und Muskelkraft arbeiteten Dampfmaschinen oder Motoren – auf Schiffen, in Eisenbahnen und Straßenfahrzeugen. Die Folge war eine enorme Beschleunigung des Transports, die auch das Wachstum der Wirtschaft förderte.

Die Möglichkeiten des Reisens wurden durch das Automobil und die Luftfahrt erweitert. Das Auto bedeutet individuelle Mobilität und Entscheidungsfreiheit, die aber, wenn sie kollektiv genossen wird, in allgemeine Immobilität zu münden droht. Heutige Verkehrskonzepte zielen daher auf die sinnvolle Verknüpfung aller Verkehrsträger. Die Entwicklung der Luftfahrt ist ein Ausdruck wachsender Beschleunigung und Globalisierung: Menschen und Güter bewegen sich nicht mehr über Ländergrenzen, sondern über Kontinente hinweg.

Am Beispiel zahlreicher Exponate werden im Deutschen Museum die verschiedenen Bereiche des Verkehrswesens und deren Entwicklung vorgestellt. Der Besucher kann dabei Zusammenhänge zwischen den Verkehrsträgern und den anderen Bereichen der Technik herstellen.

Schifffahrt

»Meine Herren [...] im Ozean hat der Seefahrer keine anderen Bezugspunkte als die Sterne. Mit Instrumenten [...] bestimmt man die Höhe eines Gestirns über dem Horizont, errechnet daraus den Abstand vom Zenit, und nachdem man nun seine Deklination kennt – denn der Abstand vom Zenit plus oder minus die Deklination ergibt die Breite, weiß man sofort, auf welchem Breitengrad man sich befindet, oder anders gesagt, wie weit nördlich oder südlich von einem bekannten Punkt. Ich denke, das ist klar.«

Umberto Eco,
»Die Insel des vorigen Tages«, 1995

Viel schwieriger als die von Umberto Eco beschriebene Vorgehensweise zur Ermittlung der geografischen Breite auf See ist die Bestimmung der geografischen Länge. Um diese »Insel des vorigen Tages« später wiederfinden zu können, mussten Astronomen, Mathematiker und Instrumentenbauer des 18. Jahrhunderts sehr präzise Verfahren, Oktanten, Chronometer und Tabellen entwickeln. Sie bildeten auch eine der Voraussetzungen für die Beherrschung der Welt durch die Seemächte, zu denen dann um 1900 auch Deutschland gehören wollte, das seinen »Platz an der Sonne« suchte. Kaiser Wilhelm II. war ein enthusiastischer Flottenplaner, und Oskar von Miller, ein ebenso engagierter Museumsplaner, konnte dieses Faible kaum übersehen, als er ihn um ein Gründungsgeschenk für sein neues Museum bat. Das aufwendige Schnittmodell eines modernen Linienschiffes demonstrierte die Intention des Museums, aktuelle Technik zu vermitteln, in so detaillierter Offenheit, dass sie dem Kaiser sogar den Vorwurf des Hochverrats einbrachte. Das kaiserliche Geschenk regte auch andere zum Mäzenatentum an: Friedrich Krupp stiftete Modelle der auf seiner Germaniawerft gebauten Schiffe, Reedereien wie der Norddeut-

Der Oktant zur Höhenwinkelmessung und der nautische Almanach, der die wichtigsten Daten der Gestirne enthielt, bildeten seit dem 18. Jahrhundert die Grundlage einer wissenschaftlich begründeten Navigation.

Der Ewer »Maria« von 1880, der noch das traditionelle Segelschiff zu verkörpern scheint, tat in einer Phase großer technischer Veränderungen Dienst. Maschinengetriebene stählerne Schiffe, wie der Dampfschlepper »Renzo« im Hintergrund, setzten sich durch.

Schifffahrt

Eine Zarook vom Perischen Golf und ein portugiesischer Moliceiro (links) dokumentieren die Phantasie und den Erfindungsreichtum der Völker beim Bau ihrer Fahrzeuge.

sche Lloyd und schließlich auch Ingenieure und Erfinder, die die neue Technik entwickelten, reihten sich in die Liste der Spender ein.

Ein geschichtliches Panorama entwarf Miller mit Aufträgen an verschiedene Künstler, die bedeutende Ereignisse der Seefahrt in Bilderzyklen wiedergaben. Nach dem Ersten Weltkrieg holte er ein geheimnisumwittertes technisches Fossil, das erste deutsche Unterseeboot U 1, über 40 Meter lang und 200 Tonnen schwer, nach München. Die Schäden des Zweiten Weltkrieges, ein Ergebnis auch jener Waffentechnik, die im Museum ausgestellt wurde, waren verheerend. Nach Kriegsende gelang mit der Überführung des Fischer-Ewers »Maria« HF 31 ein Neuanfang, der zunächst eher ein notgedrungener Rückschritt zur Normalität der Seefahrt war, aber einen Glücksfall für die Bewahrung regionaler Fahrzeuge darstellt. Befreundete Reeder setzten diesen Kurs fort, indem sie auf ihren globalen Routen die bunte Formenvielfalt exotischer Boote sammelten: Zur nordischen Eiche gesellte sich nun tropisches Mahagoni.

Durch eine weitere – interne – Katastrophe, einen Brand, wurde eine Neugestaltung möglich. Dem Fischer-Ewer der Epoche »Holz und Segel« konnte nun ein Pendant der Ära »Eisen und Dampf«, der kleine Schleppdampfer »Renzo«, hinzu gefügt werden. Die Aufstellung des Seenotrettungskreuzers »Theodor Heuss« 1987 bezeichnet die Verankerung der Seenotrettung in Bayern und bildet für die Abteilung den letzten Höhepunkt der Schifffahrtsgeschichte.

In der Art der Präsentation übernahm die Schifffahrtsabteilung bewährte Muster. Ihre Schiffsmodelle griffen die lange handwerkliche Tradition der Veranschaulichung durch Verkleinerung auf. Die kulturelle Dimension kommt in den Sagen und Mythen um das fast zum Denkmal erhobenen Wikingerschiff zum Ausdruck. Später profitierte die Abteilung stärker von der Freizeitbeschäftigung privater Modellbauer, die viele bemerkenswerte Meisterwerke dieser Kunst beisteuerten.

Neben der Präsenz der Stahlindustrie durch den monumentalen Propeller im Freigelände waren es die zeitgenössischen Exponate der Weltausstellungen, die den Leistungsstand der Industrie verdeutlichen sollten. Das Schneiden der Produkte – eine konservatorische Todsünde – verdeutlichte den Drang, die Anatomie dieser Technik akribisch und gewissenhaft freizulegen.

Mit der Aufnahme historischer Objekte in die Sammlung gelangte das schnell bekannt werdende Museum zu ausgedienten Maschinen aus verfallenden Schiffsrümpfen und Werkhallen. Deren oft rührend anmutende Einfachheit sollte schließlich auch das Bedürfnis nach Fortschritt belegen. Mit diesen Exponaten holte sich das Museum, verborgen wie im trojanischen Pferd, auch Geschichte und Geschichten ins Haus: in Gestalt von Objekten mit ihrem »einmaligen Dasein« als eigenwilliges Menschenwerk und den Gebrauchsspuren und »Fingerabdrücken« der Vergangenheit.

Die daneben inszenierten Kabinen und Promenadendecks wurden für den Besucher zu Räumen der Phantasie, in die er hinein trat und die Überzeugung gewann, ein leises Schwanken und eine innere Bewegung verspürt zu haben, in die sich auch die Erinnerung an eine ferne Seereise gemischt haben konnte.

Als Umberto Eco seinen Roman »Die Insel des vorigen Tages« unter Masten und Segeln im Deutschen Museum präsentierte, verheimlichte er nicht, diese historischen Kulissen als Orte seiner Anregungen aufgesucht und in den geöffneten Modellrümpfen die Phantasiewelt seiner Helden überprüft zu haben. Ähnlich wechselt der Besucher zwischen Belehrung und Unterhaltung, wenn er sich in ein Diorama versenkt, im Inneren einer Tauchkugel die Einsamkeit des Forschers ahnt, oder, unbeschwert von den Bruchstücken seiner Schulphysik, sich dem sprudelnd lebendigen Wasser einer Strömungsdemonstration überlässt. *jb*

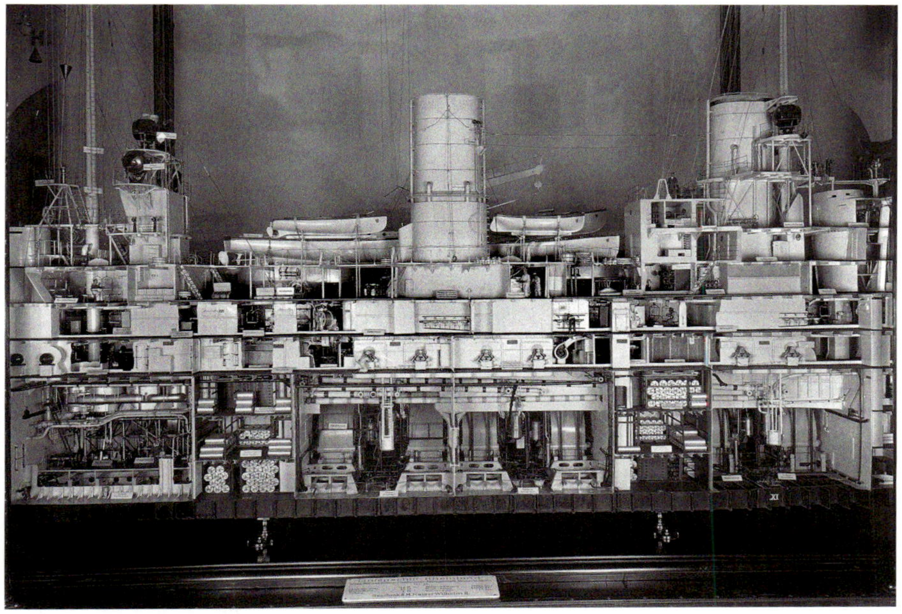

Wir Wilhelm, von Gottes Gnaden Deutscher Kaiser,
König von Preußen, Markgraf zu Brandenburg,
Burggraf zu Nürnberg und Graf zu Hohenzollern
entbieten dem Deutschen Museum in München zur Feier seiner
Eröffnung und der Grundsteinlegung seines endgültigen Baues
Unseren Kaiserlichen Gruß und Glückwunsch.
Ins Leben gerufen durch eine Reihe hervorragender Ver-
treter der deutschen Naturwissenschaft und Technik hat das Museum unter
der Obhut und der fördernden Huld des Bayerischen Königshauses, that-
kräftig unterstützt durch das Reich, das Königreich Bayern und die Haupt-
und Residenzstadt München dem hohen Ziel, eine alle Zweige der Natur-
wissenschaft und Technik umfassende vaterländische Sammlungsstätte zu
werden, wirksam zugestrebt. Möge ihm auch fernerhin unter dem Gedei-
hen verbürgenden Schutz von Reich und Staat die Theilnahme der das
Geistes- und Wirthschaftsleben des Vaterlandes leitenden Kräfte erhalten
bleiben und es dadurch befähigt werden, der deutschen Arbeit reiche Anregung
zuzuführen. Zum Ausdruck Unserer Kaiserlichen Huld und Fürsorge wollen
Wir dem Museum für seine Sammlungen das Schnittmodell eines Unserer
im Bau befindlichen Kriegsschiffe stiften als ein Merkzeichen der Errungen-
schaften deutschen Gewerbfleißes und der im Reich geeinigten Wehrkraft des
Deutschen Volks.

Gegeben, München, den 13. November 1906.

Ein aufwendiges Schnittmodell des Linienschiffes »Rheinland« war das Geschenk von Kaiser Wilhelm II. an das Deutsche Museum und seinen Gründer Oskar von Miller (Foto um 1926), das in einer Urkunde besiegelt wurde.

Im Wettlauf der Nationen um die letzten weißen Flecken auf der Landkarte war die Südpolexpedition Erich von Drygalskis mit dem Forschungsschiff »Gauss« am Anfang des Jahrhunderts ein Unternehmen zwischen Wissenschaft und Sensation. Als das Museum dieses Gemälde 1925 bei dem Marinemaler Claus Bergen in Auftrag gab, war von Drygalski bereits Professor der Geografie in München.

Mit dem großen Schiffsmodell des Kaisers waren die Maßstäbe für andere Stifter gesetzt. Es folgten weitere wertvolle Modelle, z.B. der Schnelldampfer »Kaiser Wilhelm II.« (links oben), ein Schnittmodell des ersten Unterseebootes »U1« (rechts oben), das Linienschiff »Braunschweig« (links unten) und das Fünfmast-Vollschiff »Preussen«, einer der größten Segler. Diese Tradition hat sich bis heute fortgesetzt. Die »Silja Europa« (unten) repräsentiert die großen Passagierschiffe der weltweit renommierten Meyer-Werft.

»Wir kommen« – diese Botschaft der humanitären Hilfe der Seenotrettung überbrachte der Rettungskreuzer »Theodor Heuss« auf seiner letzten Reise, diesmal in das Binnenland. Sie führte ihn auf dem Wasserweg nach Nürnberg und von dort auf dem Landweg bis in das Freigelände des Museums.

Mahagoni und Messing bilden das Ambiente der Navigations- und Steuergeräte im Steuerhaus der TS »Adolph Woermann« der Werft Blohm & Voß, Hamburg, 1922. An die Stelle mechanischer Instrumente treten heute die Elektronik und der Bildschirm.

Aufgeschnittene Exponate veranschaulichen den Aufbau und die »Anatomie« ihrer Technik. Dieser Schnitt eines Kompasses wurde zunächst für die Weltausstellung in Mailand 1906 angefertigt.

Die 12 Zentimeter dicken Stahlwände der Tauchkugel Jacques Piccards, mit der er 1960 in die größte Meerestiefe im Marianengraben vorstieß, vermitteln eine Vorstellung von den Kräften der Tiefsee.

Eisenbahn

»Durch die Eisenbahnen wird der Raum getötet, und es bleibt uns nur noch die Zeit übrig. Hätten wir nur Geld genug, um auch letztere anständig zu töten! In viereinhalb Stunden reist man jetzt nach Orléans, in ebenso viel Stunden nach Rouen. Was wird das erst geben, wenn die Linien nach Belgien und Deutschland ausgeführt und mit den dortigen Bahnen verbunden sein werden! Mir ist als kämen die Berge und Wälder aller Länder auf Paris angerückt. Ich rieche schon den Duft der deutschen Linden; vor meiner Türe brandet die Nordsee.«

Heinrich Heine in Paris, 1843

Sie schufen die moderne Welt des 19. Jahrhunderts: Naturerkenntnis und Wissenschaft legten im Verbund mit einer modernen, liberalen Form der Wirtschaft und einer immer freiheitlicheren Gesellschaftsordnung die Grundlagen der neuen, dynamischen Zeit. In England und Frankreich setzte sich die Textilindustrie, in den USA und Deutschland die Eisenbahn an die Spitze des stürmischen Industrialisierungsprozesses. Kennzeichen der Industriellen Revolution waren Maschinisierung, Mechanisierung, Arbeitsteilung und nicht zuletzt die immer engere Vernetzung der industriellen Zentren.

Eisenbahnen zählen zu den essentiellen Transportmitteln in modernen, industriellen Gesellschaften. Ohne sie hätten die enormen Güterströme nicht bewegt werden können. Angetrieben wurde die Eisenbahn – wie das gesamte Fabrikzeitalter – von Dampf, gefeuert von Kohle, der Energiequelle des 19. Jahrhunderts schlechthin.

Vieles hat sich seither geändert: Die Eisenbahn ist ein Verkehrsmittel unter mehreren, die Dampfkraft ist längst von effizienteren Antrieben verdrängt worden. Doch bis heute sind Eisenbahnen unverzichtbare Transportmittel für Personen und Güter. Im schnellen Fernverkehr sind sie bis heute dem Auto überlegen, und ohne leistungsstarke Nahverkehrssysteme wäre der Verkehr in Großstädten und Ballungsräumen überhaupt nicht zu organisieren.

Von Anfang an war das Thema Schienenverkehr wegen seiner technischen und wirtschaftlichen Bedeutung Bestandteil der Sammlungs-, Forschungs- und Ausstellungstätigkeit des Deutschen Museums. Eisenbahnen faszinieren: Die Schienenverkehrsabteilung zählt zu den besucherstärksten des Museums, ein wichtiger Grund, dem Thema Verkehr in seinem neuen Verkehrszentrum auf der Theresienhöhe noch mehr Raum zu bieten. Bei Eröffnung des Museums 1925 war der Schienenverkehr zunächst im Hauptgebäude untergebracht, dort, wo sich heute die Starkstromtechnik befindet.

Ab 1951 wurde die Abteilung wieder aufgebaut – nun aber in einer 1937 entstandenen Halle, die zunächst die Straßenfahrzeuge des Museums aufgenommen hatte. Hier blieben die Schienenfahrzeuge bis zu ihrem Umzug in das neue Verkehrszentrum. 1969/70 wurde das Gebäude um ein Kellergeschoss erweitert, um dort Eisenbahnen und Autos auf zwei Etagen unterzubringen. In der Hallenmitte wurde eine Schwerlastbrücke installiert, um einen »Museumsbahnsteig« mit zwei Gleisen zu errichten. Die Galerien der Eisenbahnhalle nahmen eine Ausstellung zur Geschichte des Schienenverkehrs und zur Sicherheitstechnik auf.

Fortsetzung Seite 323

Fahrzeuge, Fahrzeuge … Schon in der provisorischen Sammlung des Deutschen Museums im Alten Nationalmuseum gab es eine Abteilung zum Thema Verkehr. Das Foto entstand um 1912.

Das war die Eisenbahnabteilung:
Auf zwei Gleisen um einen Museumsbahnsteig herum waren Fahrzeuge der Dampf-, Diesel- und Elektrotraktion zu besichtigen. Erläuterungen zur Geschichte gab es auf der im Hintergrund sichtbaren Galerie.

Eisenbahn

Das Ende am 21. Juli 1944: Bei dem großen Fliegerangriff wurde auch die Eisenbahnabteilung getroffen, viele Exponate wurden schwer beschädigt oder zerstört.

Die enge Verbindung zwischen dem Deutschen Museum und den Münchner Lokfabriken Krauss und Maffei bzw. Krauss-Maffei spiegelt sich in der Sammlungsstruktur wider: Das Museum besitzt vorwiegend Lokomotiven der genannten Firmen. Alle Traktionsarten sind mit hochrangigen Exponaten vertreten, der Schwerpunkt liegt aber bei der Elektrotraktion. Anhand der Exponate (einschließlich der verliehenen E-44) ist es möglich, eine technische Entwicklungsreihe nachzuvollziehen.

Die Sammlung hat einen regionalgeschichtlichen Bezug: So wird beispielsweise die Entwicklung der Elektrotraktion anhand bayerischer Fahrzeuge dokumentiert. Dieser regionale Schwerpunkt wird aber in der übrigen Ausstellungsarchitektur aufgehoben – hier geht es allgemein um die Geschichte der Eisenbahn.

Die Eisenbahnhalle war ein Stück klassisches deutsches Museum: Ansehen, staunen und die Meisterwerke der Technik bewundern. Doch die Besucher konnten auch anfassen, ausprobieren und kennenlernen: In Bezug auf die Technik sollten die alten Ausstellungen lehrreich sein. »Wie funktioniert das?« – diese Frage stand vor allem bei den Objekten im Mittelpunkt. In der Ausstellungsarchitektur, in Bild und Text wurde die Technik der Exponate eingeordnet in den eisenbahngeschichtlichen Kontext. Wer hiervon mehr erfahren wollte – der musste lesen.

Tradition hatten die mehrmals täglich stattfindenden Führungen, bei denen viele Objekte in Bewegung gesetzt wurden: So war die auf Druckluftbetrieb umgebaute »Puffing Billy« und ihre urtümliche Steuerung in Aktion zu sehen. Sogar das Fahrwerk der großen S 3/6 konnte bewegt werden, so dass das Zusammenspiel der Treibstangen zu beobachten war. Für besonders Interessierte konnte auch die »Gleisstopfmaschine« in Betrieb genommen werden, die dann das Gleisbett unter lautem Getöse bearbeitete. Selbstverständlich waren auch Signale, Läutewerke und Uhren betriebsfähig und bedienbar.

Sogar die Kulturgeschichte spielte in der Eisenbahnhalle eine Rolle: Drei Abteile verdeutlichten eindrucksvoll den Wandel des Reisens innerhalb von 70 Jahren. Noch ausführlicher wird die Geschichte des Reisens im neuen Verkehrszentrum dargestellt.

Natürlich wird die Tradition der Vorführungen fortgesetzt und die Sammlung mit neuen attraktiven Exponaten wie dem IC Experimental, einem Wagen der ersten Münchner U-Bahn und einem Salonwagen der Rhätischen Bahn erweitert. *le*

Schauen, staunen und Technik begreifen: Während einer Führung setzt ein Museumsaufseher die »Puffing Billy« in Betrieb.

Die Abteilung Schienenverkehr lenkte den Blick des Besuchers auf die geschichtliche Entwicklung vor allem aber auf technische Details und Konstruktionszusammenhänge. Im Uhrzeigersinn, beginnend links oben: das aufwendige Triebwerk einer Zahnradlok, die Treibachse einer »B IX«, der Arbeitsplatz des Lokomotivführers auf der nachgebauten »Puffing Billy«, das »Gesicht« der ersten Elektrolok der Firma Siemens.

Eisenbahn

So sah der Arbeitsplatz des Lokführers auf einer Altbauelektrolokomotive aus: eng, spartanisch, und wie es Tradition war, steuerte der Lokführer die »E 16« im Stehen. Gegenüber dem offenen, zugigen und staubigen Führerhaus der Dampflokomotive war dieser Arbeitsplatz jedoch ein enormer Fortschritt.

Züge fahren, damit Menschen reisen und Güter transportiert werden können. An diese Zusammenhänge erinnerten in der Eisenbahnhalle drei nach originalen Vorlagen gebaute Abteile, die den Wandel des Reisens im Laufe der Zeit darstellten.

Dass sich das Deutsche Museum nicht nur auf Technikgeschichte versteht, zeigt dieses Bild von der Einbringung der S 3/6 in die Eisenbahnhalle. In Zusammenarbeit mit erfahrenem Transporteuren organisieren auch heute Mitarbeiter des Museums große und komplizierte Exponattransporte.

Automobile

»Auch hat Benz einen Benzinwagen gebaut, welcher auf der Münchener Ausstellung Aufsehen erregte. Diese Anwendung der Benzinmaschine dürfte indessen ebensowenig zukunftreich sein, wie die des Dampfes auf die Fortbewegung von Straßenfuhrwerken.«

»Jahrbuch der Naturwissenschaften«, 1888–1889

Das Auto, unser wichtigstes Industrieprodukt, war vor hundert Jahren noch so unbedeutend, dass ihm der Museumsgründer keine eigene Abteilung einräumte. Bis in die 30er Jahre wurde die Entwicklung der Straßenkraftwagen dem Landverkehr zugeordnet. Oskar von Miller war kein Freund des Automobils: Wenn er mit Rudolf Diesel einen Ausflug machte, dann benutzten beide das Fahrrad. Der Erfinder des Dieselmotors hat sich am Steuer nie zurechtgefunden, der Wegbereiter der Elektrizität bevorzugte die Straßenbahn. Im Gründungsjahr des Deutschen Museums gab es in München 183 Kraftwagen und 186 Motorräder. Ihre Unzuverlässigkeit wurde mannigfach verspottet. »Und an Automobil is a Wagn, der net will« hieß es beispielsweise in einem Münchner Schnaderhüpfl. Zum technischen Meisterwerk war es noch ein weiter Weg. Die Eisenbahn stellte das wichtigste Landtransportmittel dar, weswegen anfänglich im Museum mehr Lokomotiven als Autos standen. Sie fuhren fünfmal so schnell wie die ersten Motorwagen und wurden entsprechend bewundert. Nach dem Umzug auf die Museumsinsel erhielten sie eine eigene Halle neben der Schifffahrt. Südlich davon wurde ein – autofreier – Ehrensaal des Verkehrswesens eingerichtet. Im Zwischenbereich gab es immerhin zwei Dampfwagen und sieben Benzinautomobile zu sehen. Die meisten stammten von Daimler und Benz; das millionenfach gebaute Ford Modell T fehlte.

Als Henry Ford 1930 das Deutsche Museum besuchte, versprach der amerikanische Autokönig, damals der reichste Mann der Welt, einen Ford zu stiften. Vorab schenkte er Oskar von Miller, der sich bis dahin gegen jedes Auto gewehrt hatte, sein neuestes Modell A zum Privatgebrauch. Dass er ihm damit großes Unglück bringen würde, konnte er nicht ahnen: Millers Frau starb an den Folgen eines Verkehrsunfalls mit diesem Wagen.

1933 kam Adolf Hitler an die Macht. Anlässlich der Besichtigung eines Panzerkreuzermodells in der Schifffahrtshalle bemängelte er die kümmerliche Autoabteilung. »Ich liebe den Kraftwagen über alles, denn er hat mir Deutschland erschlossen« stand als Ausspruch des Führers unter dem Reichsadler mit Hakenkreuz in der neuen Halle für das deutsche Kraftfahrwesen, als sie 1937 eröffnet wurde. Die hohe Decke wird wie bei einer Bahnhofshalle von genieteten Stahlträgern getragen, durch die breiten Fenster strömt eine Flut von Licht herein.

Kein deutsches Automobilmuseum ist je wieder so großzügig angelegt worden. Leider konnten sich die Besucher daran nur wenige Jahre erfreuen. München war im Zweiten Weltkrieg Ziel zahlreicher Luftangriffe. Die 37 historischen Fahrzeuge wurden in weniger gefährdete Orte wie Seifriedswörth und Lenggries verlagert. Das ersparte ihnen das Schicksal der Lokomotiven,

Fortsetzung Seite 240

Im Laufe des 20. Jahrhunderts entwickelte sich das Auto zum Gebrauchsgegenstand.

Die Erfindung
des Automobils
Dampfwagen
Luxuswagen

Automobile

»Deutsches Holz ist Treibstoff! Erfüllen Sie eine nationale Pflicht. Fahren Sie Holzgas!« propagierte man schon 1938, als der Adler »Diplomat« noch mit Benzin fuhr. Der Anbau des Gaserzeugers machte ihn zwar nicht schöner, aber tauglicher für die Kriegs- und Nachkriegszeit.

»Wohl ein Schwimmauto?« vermutet der Besucher zunächst angesichts dieser eigenartigen Limousine. Der Konstrukteur Edmund Rumpler versprach sich von der Stromlinienform weniger Luftwiderstand und geringere Staubaufwirbelung. Zu einem Verkaufserfolg führten diese Vorzüge jedoch nicht. Der »Rumpler Tropfenwagen« wurde höchstens einhundertmal gebaut.

Die heutige Eisenbahnhalle im Jahr 1937 – ausschließlich für das Kraftfahrwesen errichtet.

die auf der Museumsinsel verblieben. 1944 wurden sie durch vier Bombentreffer schwer beschädigt, einige völlig zerstört. Teilweise lagen sie bis 1949 unter dem Trümmerschutt der eingestürzten Eisenbahnhalle. Danach stellte man sie nicht mehr am angestammten Ort, sondern gemeinsam mit den zurückgekehrten Automobilen in deren Halle aus. Diese war durch die Wucht der Bombeneinschläge im Freigelände des Museums ebenfalls beschädigt worden. Nachdem sie wieder in Stand gesetzt war, bot sie den motorisierten Straßen- und Schienenfahrzeugen noch zwanzig Jahre lang Raum.

Eng wurde es erst, als das Auto und seine Geschichte so beliebt wurden, dass die Besucher mehr als bisher von ihren »liebsten Kindern« sehen wollten. Wo sollte der erforderliche Platz gefunden werden? Man unterkellerte die Halle, zwei ständig laufende Rolltreppen bewältigen den Besucherstrom. Doch schon im Lauf der 70er Jahre wurde es wieder eng in der neuen Automobilabteilung. Der Verband der Automobilindustrie (V.D.A.) in Frankfurt sammelte Geld für eine baldige Erweiterung.

1986 war es so weit: das 100jährige Jubiläum des ersten Benzinautos war der gegebene Anlass, der Neubau der Luft- und Raumfahrthalle die räumliche Voraussetzung. Der bayerische Ministerpräsident Franz Josef Strauß eröffnete die neue Ausstellung mit einer Lobrede auf das Automobil: »Das Auto ist zum Gegenstand des politischen Streits geworden[...]. Seitdem für die Schäden an unserer Umwelt Schuldige gesucht werden, ist das Auto in die Schusslinie der Kritik geraten [...]. Diejenigen aber, die sich das Heil vom Stillstand aller Autoräder erwarten, sind auf dem falschen Weg [...]. 80% des Individualverkehrs werden in Europa augenblicklich vom Auto bestimmt [...]. Mit der Einweihung der neuen Automobilhalle setzt das Deutsche Museum [...] einen Meilenstein.«

Auf 2200 m² Ausstellungsfläche waren 135 Kraftfahrzeuge zu sehen, vom ersten Motorrad bis zur neuesten BMW-Limousine (deren Fahrersitz ein Roboter auf Knopfdruck ein- und ausbaute). Selbst Lastwagen, Traktoren und Feuerwehrfahrzeuge fehlten nicht. Nirgendwo wurden 100 Jahre Automobiltechnik so anschaulich dargestellt wie hier. Erst im neuen Verkehrszentrum auf der Theresienhöhe wird man noch mehr über die große Ingenieurleistung der Menschheit erfahren. *hs*

Fahrzeuge fuhr man früher offen – auch in den Anfängen der Motorisierung. Mensch und Maschine waren Wind und Wetter ausgesetzt. Mehr Fahrspaß? Mehr Verdruss? Jedenfalls mehr Putzaufwand.

1928 gab es in Deutschland mehr Motorräder als Automobile. Sehr beliebt waren Gespanne, wie diese BMW-R62-Tourenmaschine mit Royal-Seitenwagen.

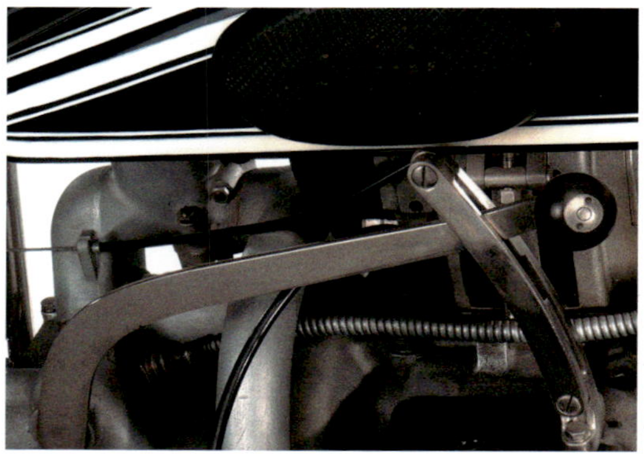

Zwei siegreiche Kawasakis werden verlagert.
Im neuen Verkehrszentrum sollen sie besser
als bisher zur Geltung kommen.

Brücken

»Alles im Leben ist eine Brücke – ein Wort, ein Lächeln, das wir dem anderen schenken. Ich wäre sehr glücklich, könnte ich durch meine Arbeit ein Brückenbauer zwischen Ost und West sein.«

Ivo Andric, 1961

Den Bau von Bögen kann man in der Ausstellung spielerisch mit Bauklötzen erfahren.

Brücken schaffen Verbindungen, sie führen Menschen zusammen, prägen Städte und Landschaften. Sie zu bauen, erfordert Wissen und Können, Mut und Kühnheit. Als Kunstwerke, Wahrzeichen und Denkmäler werden sie zu Zeugen und Zeugnissen der Geschichte. So begegnen uns Brücken im Sinne von Ivo Andric in vielen Bedeutungsmustern und erleichtern uns nicht nur geschickt eine Wegeführung, sondern sind auch geistig präsent in Denken, Sprache und Handeln der Menschen.

Zunächst sollen sie praktische und preiswerte Verbindungen schaffen, doch oft genug gelangen sie zu Berühmtheit, werden Monument oder gar Symbol und Sprichwort. Ebenso wie die Natur selbst Brücken erschaffen kann, können Brücken die menschliche Phantasie beflügeln. Doch am meisten zählt die Erfahrung des Brückenbauers, das auf ihn gesetzte Vertrauen muss er stets von neuem unter Beweis stellen. Seine Erfahrung gründet sich auf das beständige Lernen aus Fehlern und manchmal tragischen Unfällen.

Die Erkenntnisse der Naturwissenschaften finden im Ingenieurbau ihre praktische Umsetzung. Unter diesen Ingenieurbauten wiederum stellen die Brücken Tragwerke in reinster Form dar. Natürlich ermöglicht erst eine gekonnte Antwort auf statische und dynamische Fragestellungen auch formvollendete und ästhetische Lösungen.

Die Abteilung Brückenbau bestand seit den ersten Tagen des Deutschen Museums als Teil der Ausstellungen über das Bauwesen, deren Themenspektrum sich einst von Baumaterialien über den Wohnungsbau bis zur Haustechnik erstreckte. Von 1906 bis 1925 waren diese Ausstellungen im Obergeschoss der Schwere-Reiter-Kaserne in der Zweibrückenstraße untergebracht. Aus dieser Zeit stammen die ältesten erhaltenen Exponate, wie etwa das Modell der Steinernen Brücke in Regensburg oder das der Kinzigbrücke bei Offenburg in Baden.

Im neuen Sammlungsgebäude wurde der »Brückenbau«, der damals erst ein Viertel des jetzigen Umfangs hatte, in seiner heute schon traditionellen Halle eingerichtet, die er mit den Ausstellungen Wasserstraßen, Wasser- und Straßenbau sowie Eisenbahnbau teilte. Auch der Tunnelbau befand sich an derselben Stelle wie heute. Dem übrigen Bauwesen war damals etwas mehr als die Hälfte der Ausstellungen im zweiten Obergeschoss gewidmet. Aus dieser Exponatgeneration um 1925 stammt das Modell der Elisabethbrücke über die Donau in Budapest.

Beim Wiederaufbau des Museums nach dem Zweiten Weltkrieg wurden die Ausstellungen Brückenbau und Straßenbau wieder in einem Raum zusammengelegt und im Jahre 1959 eröffnet. Aus dieser Zeit stammt eine Vielzahl der heute gezeigten Exponate, wie das Baustellenmodell der Seine-Brücke bei Neuilly. Kurz nach ihrer Eröffnung wurde diese Ausstellung jedoch wieder geschlossen, weil die benachbarte Abteilung Wasser-, Kanal- und Hafenbau ebenfalls erneuert wurde. Bis zur endgültigen Eröffnung im Jahre 1963 konnte der Exponatbestand weiter aufgestockt werden. Der Bereich blieb unverändert, bis er im September 1995 für die anstehende Neugestaltung geräumt wurde.

Diese ehemalige Ausstellung Brückenbau umfasste insgesamt 194 Brückenbauwerke: 26 Originalteile, 44 Modelle und Nachbildungen, 125 Fotografien und einen Demonstrationsversuch. Sie war sachlich nach Baustoffen gegliedert. Riesige Nachbildungen von Brückenteilen aus Stein, Holz, Stahl und Spannbeton untergliederten die Abschnitte auch räumlich.

Über den Brückenbau hinaus, der zusammen mit dem Straßen- und Tunnelbau sowie dem Wasserbau fachlich dem Ingenieurbau zugeordnet ist, verfügt das Museum auch heute noch über eine bedeutende Sammlung von Originalen und Modellen zum Thema Bautechnik, zum Wohnbau und zur städtischen Infrastruktur. Diese Exponate sind zwar seit dem Kriege nicht mehr in einer eigenen Ausstellung zu sehen, wurden aber in den vergangenen Jahren Stück für Stück konservatorisch und restauratorisch aufbereitet. Sie werden seit 1998 in unregelmäßiger Folge auf der Fläche für Sonderausstellungen im Brückenbau ausgestellt.

Ein Blick in die 1998 eröffnete Ausstellung zeigt den Bereich der Balkenbrücken: Im Vordergrund sind die Versuche zu erkennen, während rechts die Seilverankerung einer begehbaren Brücke und das Modell der Spannbandbrücke aus Holz über den Main-Donau-Kanal in Essing zu sehen ist.

Brücken

Beim Bau der Brücke über den Großen Belt wurde dieses Kabelspinnrad 1996 noch zum Verlegen des Hauptkabels gebraucht, 1997 kam es direkt von der Baustelle in die Ausstellung.

Im Mittelpunkt der 1998 eröffneten Ausstellung stehen Tragwerke als Entwurfskonzepte für Brücken sowie die in der Praxis verwendeten Bauweisen und Techniken. Drei Ausstellungsbereiche spannen einen historischen Bogen um die grundlegenden Tragwerkstypen Bogen-, Balken- und Seilkonstruktionen. Aus der Betrachtung dieser Urformen heraus werden in der Ausstellung – wie in der Praxis – immer kühnere und leichtere Tragwerke entwickelt, die durch ihre oft eigenwillige Formensprache und ihre sinnliche Bildhaftigkeit beeindrucken. Technischer Fortschritt und menschliche Kreativität treten in Wechselwirkung zueinander.

Bereits bei der Vorplanung für die Neugestaltung war beschlossen worden, dass eine begehbare Brücke das zentrale Exponat der Ausstellung bilden soll. Dies nicht nur, um ein thematisches Zeichen zu setzen, sondern auch, um den Raum mit der Einmaligkeit eines Originalstückes auszustatten, das die technischen Möglichkeiten heutiger Brückenbaukunst ausschöpft und erlebnisreich verkörpert. Professor Jörg Schlaich löste diese Aufgabe technisch und ästhetisch meisterhaft.

Die wesentlichen Darstellungsmittel der neuen Ausstellung sind 19 Originale, 30 Modelle, fünf Nachbildungen, ein Diorama und elf Versuche, aber auch fünf audiovisuelle Darbietungen mit Filmen und Computeranimationen. Ein Teil der Exponate konnte aus den Beständen des Museums ausgewählt und nach sorgfältiger Restaurierung durch die Werkstätten ausgestellt werden. Diese Stücke prägen vor allem den historischen Teil der Ausstellung. Es wurden aber auch neue Stücke erworben oder angefertigt. Den technikhistorischen Diskurs zwischen diesen Exponaten, die als dreidimensionale Objekte Höhepunkte markieren, ergänzen etwa 300 Abbildungen. Eine Videothek mit Sitzplätzen zeigt Filme über Windkanaltests, den Bau großer Hängebrücken und die technischen Möglichkeiten des Brückenbaus.

Die elf Demonstrationen und Versuche, die das Tragverhalten der ausgestellten Brücken erläutern, sind thematisch je einem der drei Tragwerkstypen Bogen-, Balken- und Seilkonstruktionen zugeordnet. Bereits während der Aufbauphase wurden sie mit den Besuchern erprobt, damit der bestmögliche und vor allem dauerhafte Gebrauch gewährleistet ist. *db*

Der Bau der Seinebrücke bei Neuilly von 1768 bis 1772 wurde durch Jean Rodolphe Perronet, den Erbauer der Brücke, außergewöhnlich gut dokumentiert. Auf dieser Grundlage konnten die Werkstätten des Museums in den 60er Jahren eines ihrer schönsten Modelle bauen. Detailliert sind die Rammen (oben links), die Hebegeräte (oben Mitte), der »prismatische Wagen« (oben rechts), ein Kran (unten links) und die abschließenden Arbeiten an der fertigen Brücke (unten rechts) dargestellt.

Brücken

Im Mittelpunkt der Ausstellung steht die begehbare Brücke, die Professor Jörg Schlaich aus Stuttgart für das Museum entwarf. Die beiden Hauptseile des einseitig aufgehängten Kreisringträgers führen zu einem gelenkig gelagerten Mast.

Die Zugseile über dem Druckstab sind auf beiden Seiten der Brücke in gusseisernen Verankerungen eingespannt (rechts oben).
Die Hängerseile sind mit Edelstahlklammern millimetergenau am Hauptseil befestigt (rechts Mitte).
Die drei Zugseile werden durch Krallen geführt, die mit dem Druckstab verbunden sind (rechts unten).

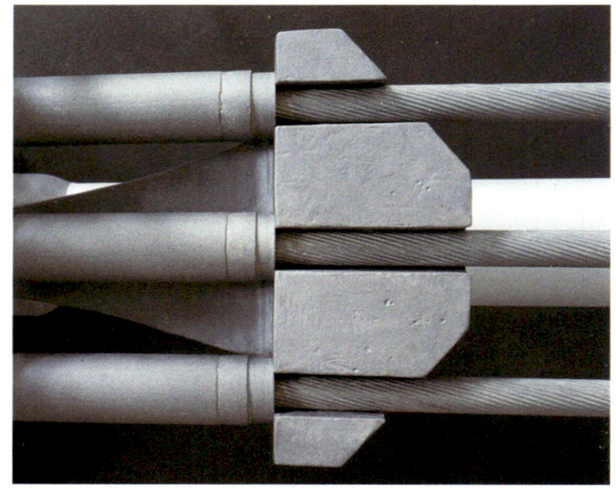

In der neuen Ausstellung durfte ein Modell der 1592 vollendeten Rialtobrücke in Venedig nicht fehlen. Es wurde von den Werkstätten mit viel Detailkenntnis und Liebe hergestellt.

Das Modell der Donaubrücke in Regensburg zeigt das mittelalterliche Bauwerk, wie es Mitte des 18. Jahrhunderts aussah. Das Modell ist ein Geschenk der Fürsten von Thurn und Taxis aus dem Jahre 1908.

Professor Günther Voglsamer gestaltet den Hintergrund für das Diorama der Müngstener Brücke. Das Original wurde 1893 bis 1897 erbaut und dient auch heute noch dem Eisenbahnverkehr.

Wasserbau

»Es macht die Wüste schön«, sagte der kleine Prinz, »daß sie irgendwo einen Brunnen birgt.«

Antoine de Saint Exupéry, »Der kleine Prinz«

Der lebhafteste Teil dieser Ausstellung ist der Einführungsbereich mit der geschosshohen Wasserplastik, die mit ihrer eleganten Gestaltung und dem sanften Plätschern des durch stufenförmig angeordnete Schalen herabfließenden Wassers die Menschen in die Ausstellung lockt. Kinder und Jugendliche stürzen sich meist sofort nach dem Betreten des Raums auf das Becken mit den Wasserhebeanlagen: Sie drehen an der archimedischen Schraube, bedienen die Handpumpe, lassen die Wasserkunst surren und schütten das Wasser aus den Eimern des Wasserrades in die Rinne. Gegen den Durst steht ein Trinkwasserbrunnen bereit. So werden schon am Eingang zur Ausstellung alle Sinne angesprochen. An den Wänden stehen einführende Texte zu Wasserbau und Wasserwirtschaft. Detaillierte Objekte und Versuche zum Wasserstraßenbau, zur Nutzung der Wasserkraft, und meist sogar bewegliche Modelle von Einbauten im Wasser veranschaulichen die Thematik für den Besucher. *db*

Die Bilder zeigen, wie gerne sich unsere kleinen Besucher mit dem nassen Element auseinandersetzen.

Im Vordergrund dieses Ausblicks steht die imposante und unverwechselbare Wasserplastik, die den Besucher auf das Thema Wasserbau einstimmt.

Luftfahrt

»Eine Flugmaschine zu ersinnen ist nichts, eine Flugmaschine zu bauen ist wenig, eine Flugmaschine zu erproben ist alles.«

Ferdinand Ferber, 1904

Der Doppeldecker der Gebrüder Wright symbolisiert den Beginn des Motorfluges. Mit diesem Exemplar führten die Wrights in Europa 1908/09 ihre sensationellen Demonstrationsflüge aus.

WRIGHT
Fokker Dr.I, 1917

Luftfahrt

Der französische Flugtechniker Ferdinand Ferber beschreibt 1904, kurz nach den ersten gelungenen Flügen der Gebrüder Wright, die zunehmenden Schwierigkeiten von der Idee über den Bau bis hin zur Flugerprobung eines Flugzeugs. In seinen Ausführungen spiegelt sich auch die historische Entwicklung von den am Vogelflug orientierten Flugkonzepten des 18. Jahrhunderts über die technisch ausgefeilten Flugmaschinen des 19. Jahrhunderts bis hin zu den ersten flugtüchtigen Motorflugzeugen des 20. Jahrhunderts wider.

Das Deutsche Museum würdigte von Anfang an die Flugtechnik mit den Bereichen Flug in der Natur, Flugwissenschaft, Ballone, Luftschiffe, Fallschirme, Drachen, Flugzeuge und Flugmotoren als eine moderne Technologie und stellte sie schon in der ersten Ausstellung ab 1906 ausführlich dar.

Die Meilensteine der Flugtechnik wurden als Meisterwerke der Naturwissenschaft und Technik rasch in die Ausstellung aufgenommen, so z.B. das Gleitflugzeug Otto Lilienthals, die Gondel des ersten Zeppelin-Luftschiffs, das erste serienmäßige Motorflugzeug der Gebrüder Wright, das erste Ganzmetallflugzeug von Hugo Junkers und der erste Prototyp des europäischen Großraumflugzeugs »Airbus«. Prominente Pioniere, Wissenschaftler und Industrielle aus der Luftfahrt, unter anderem Ferdinand von Zeppelin, Hugo Junkers, Ludwig Prandtl, Claudius Dornier, Hugo Eckener und Ludwig Bölkow waren dem Deutschen Museum als Mitstreiter freundschaftlich verbunden.

Neben den Flugapparaten veranschaulichten Demonstrationsversuche die Technologie hinter dem Flugzeug und die Methoden der Flugwissenschaft, wie etwa die Aerodynamik.

Mit dem ersten Erweiterungsbau der Nachkriegszeit, einer dreigeschossigen Luft- und Raumfahrthalle auf der Museumsinsel, wurde der Luftfahrtbereich 1984 modernisiert und die Ausstellungsfläche wesentlich vergrößert. Gleichzeitig entstand der neue Ausstellungsbereich Raumfahrt.

Die Flugwerft Schleißheim auf einem traditionsreichen Flugplatzgelände vor den Toren Münchens wurde 1992 als erstes Zweigmuseum des Deutschen Museums eröffnet. Die Luft- und Raumfahrt wurde durch diese Erweiterungen zum größten und beliebtesten Ausstellungsbereich. *wh*

Die Wissenschaft vom Fliegen wird in vielen Demonstrationen veranschaulicht.
Der Windkanalversuch macht die Druckkräfte an einem Tragflügelmodell sichtbar.

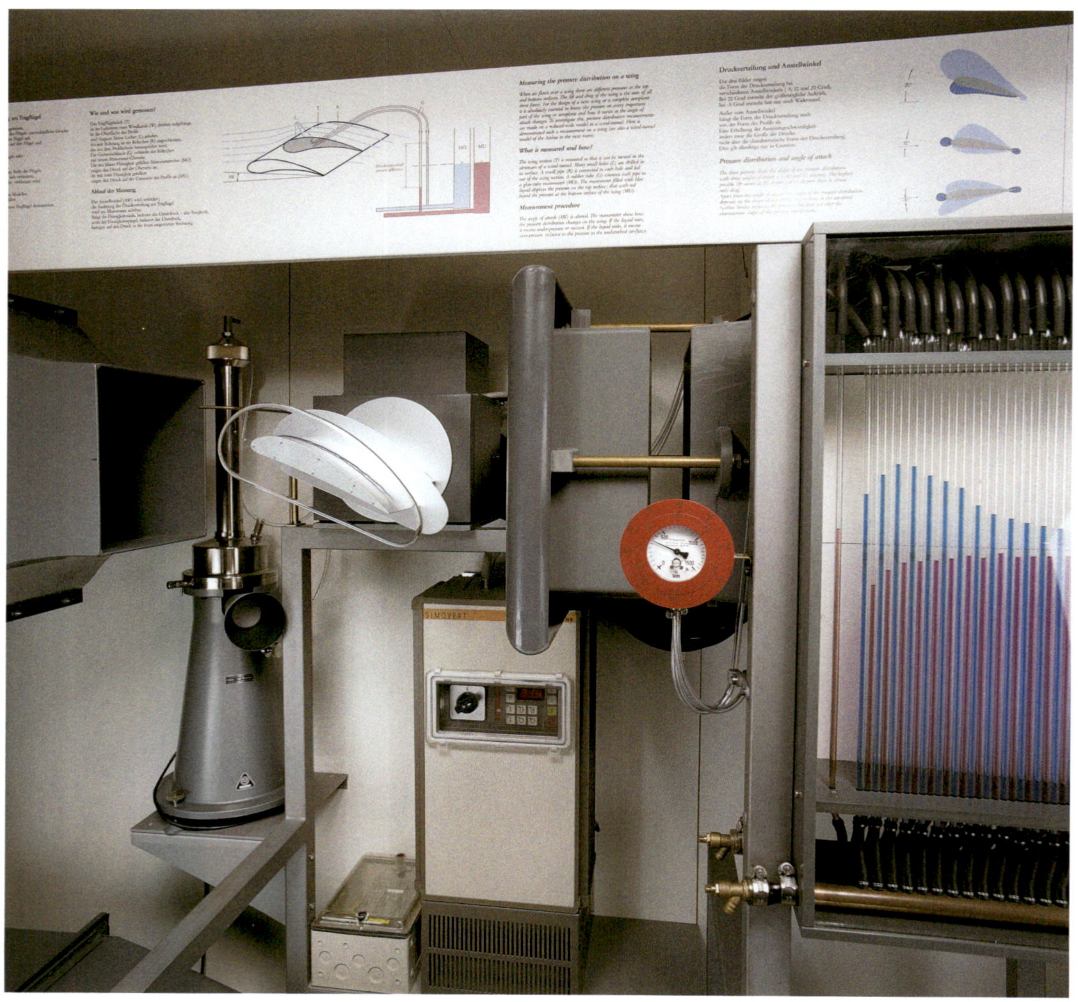

Otto Lilienthals »Normalsegelapparat« steht für den Anfang des menschlichen Fliegens. Lilienthal baute und verkaufte mehrere Exemplare dieses ersten praxistauglichen Gleitflugzeugs.

Luftfahrt

Blick in die neue Luftfahrthalle aus der Cockpitperspektive des Piloten eines modernen Hubschraubers.

Die neue dreigeschossige Luft- und Raumfahrthalle ist offen und übersichtlich gegliedert. Auch größere Flugzeuge, wie z.B. das Verkehrsflugzeug »Junkers Ju 52«, werden im Ganzen präsentiert.

Hugo Junkers brach nach dem Ersten Weltkrieg als Erster mit der Tradition der hölzernen, stoffbespannten »fliegenden Kisten« und baute das erste Verkehrsflugzeug aus Aluminium mit Wellblechbeplankung.

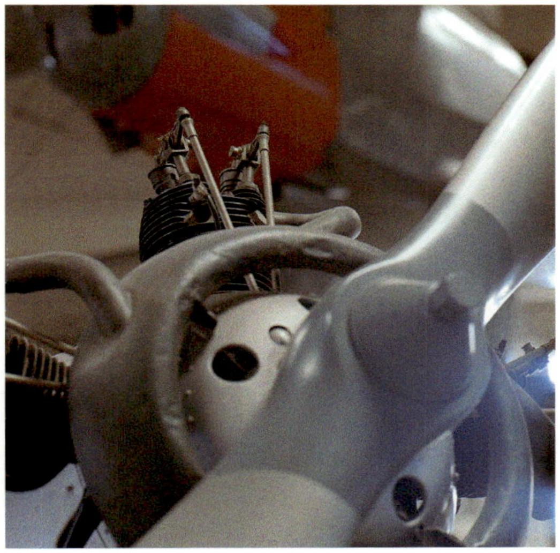

Der strömungsgünstige Einbau des Flugmotors und die raffinierte Formgebung des Propellers sind für die Wirtschaftlichkeit eines Flugzeugs von entscheidender Bedeutung.

Luftfahrt

Originalteile vom ersten Prototyp des europäischen »Airbus« – Flügel, ein Stück Rumpf, ein Triebwerk und ein Fahrwerk – zeigen die Dimension und den komplexen inneren Aufbau eines modernen Großraum-Verkehrsflugzeuges.

Strahltriebwerke sind die treibende Kraft von Flugzeugen. Sie saugen riesige Luftmengen durch die Einläufe ein und stoßen durch die Schubdüsen gewaltige Mengen heißer Gase mit großer Geschwindigkeit wieder aus.

Raumfahrt

»Als ich jetzt nach draußen schaute, bot sich mir ein unvergesslicher Anblick. In dem tiefen Schwarz, das uns außerhalb des Raumschiffes umgab, zeigte sich ein schmaler, sichelförmiger Spalt in zartem Türkis. Von Sekunde zu Sekunde dehnte sich diese Sichel aus und leuchtete in durchsichtigem Blau, das sich schnell verfärbte und vergrößerte – nicht zu einem Regenbogen, sondern zu einem strahlenden Halbkreis: Ich erlebte meinen ersten richtigen kosmischen Sonnenaufgang.«

Sigmund Jähn über seinen Raumflug, 1978

Oskar von Miller wäre sicher nicht überrascht gewesen, hätte man ihm in den 20er Jahren erzählt, dass einst eine eigene Abteilung im Deutschen Museum über die ersten Schritte des Menschen auf dem Mond informieren würde. Trotzdem hatte er noch Zeitgenossen, die glaubten, dass Raketen im Vakuum nicht funktionieren könnten. Den Übergang von den Raumfahrtphantastereien zu ernsthafter Beschäftigung mit dem physikalischen Prinzip der Rakete und seiner technischen Verbesserung markiert die Arbeit »Die Rakete zu den Planetenräumen« von Hermann Oberth aus dem Jahr 1923. Mit genauen mathematischen Berechnungen wies Oberth die technische Machbarkeit des Weltraumfluges nach.

Das Deutsche Museum übte sich zunächst in Zurückhaltung gegenüber der neuen Technogie, sammelte aber trotzdem schon Exponate, auch wenn noch keine eigene Ausstellung geplant war. Die Fotokamera von Alfred Maul aus dem Jahr 1906 und Max Valiers Raketenwagen von 1929 sind wertvolle historische Stücke, die schon vor dem Zweiten Weltkrieg in den Bestand kamen.

Erst 1963 entstand unter dem Eindruck der ersten spektakulären Raumfahrterfolge eine Sonderschau »Raketentechnik und Raumfahrt« im Deutschen Museum. Viele Besucher sahen damals zum ersten Mal eine V2-Rakete, zu dieser Zeit ein noch immer Geheimnis umwittertes Objekt.

Der sich rasant entwickelnden Luft-und Raumfahrttechnik konnte aber nur ein neuer Ausstellungsraum gerecht werden: Eine Halle wurde an das bestehende historische Gebäude angebaut und 1984 eröffnet. Jetzt hatte auch die Raumfahrt mit 1100 m^2 einen dauerhaften Platz im Deutschen Museum gefunden.

Bei Besuchern und Mitarbeitern heute gleichermaßen gefragt sind die aktuellen Aufnahmen der digitalen Empfangsstation für Wettersatelliten, neben dem neuesten Ausstellungssegment »Deutsche Forscher im Weltraum« ein Highlight der Abteilung. *mk*

Diese Station empfängt digitale Signale des europäischen geostationären Wettersatelliten METEOSAT und der polar umlaufenden NOAA-Satelliten. Computer erstellen daraus aktuelle Wetterbilder.

Raumfahrt

Weltraumträgerraketen im Vergleich:
von der V2-Rakete bis zum amerikanischen
Space Shuttle.

Mondstein von der APOLLO-17-Mission,
ein offizielles Staatsgeschenk
des amerikanischen Präsidenten Nixon
an die Bundesrepublik.

1965 gelangen Russen und Amerikanern die ersten Aussteigmanöver im All. Diese Nachbildung erinnert an den »Weltraumspaziergang« von Edward White am 10. Juni 1965 während des Gemini-4-Fluges. Der Astronaut schwebte 22 Minuten im Weltraum; dabei war er nur durch eine Versorgungs- und Messleitung mit dem Raumschiff verbunden.

Diarama der Landung von APOLLO 15 auf dem Mond.

Raumfahrt

Der Besucher dreht einen Dynamo und erzeugt mit dem elektrischen Strom eine kleine Menge Knallgas. Die anschließende Explosion treibt eine kleine Holzrakete nach oben.

Der Raketenschlitten von Max Valier aus dem Jahr 1929 gehört zu den ältesten Exponaten der Ausstellung. Valier verwendete ihn zu Fahrten auf den zugefrorenen oberbayerischen Seen, um für die Rakete als Antriebsmittel Werbung zu machen.

In München gebaute Helios-Raumsonden, die 1974 und 1976 gestartet wurden, erforschten die nähere Umgebung der Sonne. Eine dritte Sonde steht im Deutschen Museum.

Flugwerft Schleißheim

»An einem der zwei Flügel des Apparats gelehnt steht, gleich erkannt, Blériot und schaut, den Kopf fest auf dem Halse, seinen Mechanikern in die Finger, wie sie am Motor arbeiten. Auf dieser Kleinigkeit will er in die Luft? Da haben es zum Beispiel die Leute auf dem Wasser leichter. Die können zuerst in Pfützen üben, dann in Teichen, dann in Flüssen und erst viel später wagen sie sich aufs Meer, für diesen hier gibt es nur ein Meer.«

Franz Kafka, »Die Aeroplane in Brescia«, 1909

Die neue Ausstellungshalle zeichnet sich durch Funktionalität und Transparenz aus. Die Tragwerkkonstruktion erinnert an manche frühen Flugzeugmodelle.

Flugwerft Schleißheim

Den Kern des Museums bildet die historische Werfthalle. Die um 1930 entstandene Aufnahme zeigt das Gebäude, als es von der Deutschen Verkehrsfliegerschule genutzt wurde.

In seinem Bericht über die Flugtage von Brescia spricht Franz Kafka den Wagemut der ersten Piloten an, die sich in unausgereiften Flugapparaten großer Gefahr aussetzten. Louis Blériot hatte einige Monate zuvor mit einem Flugzeug den Ärmelkanal überquert: Das erste Mal flog ein Pilot über das Meer, auf dem eine Landung unmöglich war. In der Folge brach ein regelrechtes Luftfahrtfieber aus: Flugwettbewerbe wurden veranstaltet, Flugzeugwerke und Flugschulen schossen aus dem Boden und Flugplätze wurden angelegt. Eine praktische Verwendung für das Flugzeug war zunächst nicht zu erkennen, Flüge waren ein Spektakel und bedienten die Sensationslust der Öffentlichkeit. Bald erkannte das Militär das Potential der Flugzeuge und richtete in Bayern 1910 auf dem Exerzierplatz Oberwiesenfeld bei München eine Fliegerschule ein, die 1912 nach Oberschleißheim verlegt wurde. In unmittelbarer Nähe der Schleißheimer Schlösser entstand eine »Militärfliegerstation« der »Königlich-Bayerischen Fliegertruppen« mit einem Flugfeld, Flugzeughallen, Unterkunftsgebäuden und einer Kommandantur, die zusammen mit der 1918 erbauten Werfthalle den Kern des heutigen Museums »Flugwerft Schleißheim« bilden. Diese historischen Gebäude zählen zu den ältesten erhaltenen Flugplatzbauten. Der Flugplatz Schleißheim wurde mit zunehmender Bedeutung der Luftfahrt ständig weiter ausgebaut und ist heute noch in Betrieb. Hier lässt sich die Geschichte der Luftfahrt in Deutschland beispielhaft nachvollziehen.

Die Flugwerft Schleißheim ist seit 1992 eine Zweigstelle des Deutschen Museums. Zusätzlich zu den historischen Gebäuden, die vor dem Abriss gerettet werden konnten, entstanden in moderner Architektur eine neue Ausstellungshalle und eine Restaurierungswerkstätte. Von einer Galerie aus können die Besucher den Restauratoren bei der Arbeit zusehen.

Die Flugwerft Schleißheim bietet zahlreiche Exponate aus der Luftfahrtentwicklung und ergänzt die schon seit langem bestehende Luft- und Raumfahrtausstellung auf der Museumsinsel in München. Gezeigt werden auf einer Fläche von 6500 m² neben einer Ausstellung zur Geschichte der Flugwerft und des Flugplatzes Schleißheim rund 55 Flugzeuge und Hubschrauber sowie zahlreiche Hängegleiter, Flugmotoren und Fertigungsvorrichtungen. *gf*

In der Werfthalle wurden die Schulflugzeuge der Deutschen Verkehrsflugschule untergestellt und gewartet. Die Werkstatträume sind um die Halle gruppiert.

Flugwerft Schleißheim

Die historische Werfthalle gibt eine Einführung in die verschiedenen Bereiche der Luftfahrt: den Luftsport, die Militärluftfahrt und die Verkehrsluftfahrt.

In der neuen Ausstellungshalle kann sich der Besucher von einer Galerie aus einen Überblick über Raum und Exponate verschaffen, bevor er sich auf den Weg durch die einzelnen Themenbereiche begibt.

Flugwerft Schleißheim

Die Restaurierungswerkstatt in der Flugwerft Schleißheim ist für alle Restaurierungsarbeiten des Bereichs Luft- und Raumfahrt des Deutschen Museums zuständig. Von einer Galerie aus ist es den Besuchern möglich, die Arbeiten zu verfolgen.

Nicht alle Flugzeuge, die in das Museum kommen, sind noch flugfähig. Einige, wie hier die »Heinkel He 111«, hatten Unterstützung durch einen Transporthubschrauber nötig, die meisten Exponate wurden zerlegt und auf der Straße angeliefert.

Aktionstage und Veranstaltungen tragen zum Anspruch bei, ein lebendiges Museum zu sein: Ballonaufstiege auf dem Gelände der Flugwerft Schleißheim.

Verkehrszentrum

»Die Welt muss neu erfasst werden, wir müssen eine neue Sicht der Wirklichkeit lernen, um vernetzte Strategien entwickeln zu können, Leitbilder, die aus dem Systemzusammenhang heraus entstehen und die der Komplexität unserer Umwelt gerecht werden.«

Frederic Vester

Blick in die Halle 1 des Verkehrszentrums vor der Sanierung.

Das Deutsche Museum erhält 2003 mit dem Verkehrszentrum eine neue Zweigstelle, die als historisches Museum des Landverkehrs und Forum für Verkehrsfragen konzipiert ist. Standort ist das neue Münchener »Quartier Theresienhöhe«, in dem drei historische Messehallen für das Verkehrszentrum zur Verfügung stehen. Diese denkmalgeschützten Hallen entstanden 1907/08 und nehmen in der Baugeschichte Münchens einen besonderen Platz ein. Sie sind nicht nur ein schönes Beispiel für eine regional geprägte, repräsentative Messearchitektur, Halle 3 gehörte zudem zu den ersten freitragenden Eisenbetonbauten in Europa. Bis 2005 werden die Gebäude schrittweise saniert und restauriert.

In den 90 Jahren ihrer Nutzung waren die Messehallen bereits mehrfach Schauplatz großer Verkehrsausstellungen. Besonders hervorzuheben ist dabei die Deutsche Verkehrsausstellung 1953. Nur wenige Jahre nach dem Zweiten Weltkrieg verdeutlichte sie, dass das deutsche »Wirtschaftswunder« auch auf der raschen Motorisierung der Bevölkerung in der Nachkriegszeit fußte.

Im Verkehrszentrum werden die umfangreichen Fahrzeugsammlungen des Landverkehrs neu arrangiert und thematisch in den Kontext von Verkehr und Mobilität gestellt. Die Ausstellungen geben Auskunft über die Entwicklung des Landverkehrs bis heute und befassen sich exemplarisch mit Konzepten und Technologien von morgen.

Die Hallen 1 und 2 des Verkehrszentrums im Jahr 1998, vom Vorplatz aus gesehen.

HALLE
7
5

Jaray-Rad mit Schwingpedalen, 1925.

Sportwagen Alfa Romeo 06C »Gran Sport«, 1931/36.

Nostalgiefahrt mit einem historischen Zug der Rhätischen Bahn 1998 über das Landwasser-Viadukt. Die seltene Lokomotive, bekannt unter dem Namen »Krokodil« (Ge 6/6 I), und ein Reisewagen 1. Klasse werden in der Halle »Reisen« gezeigt.

Den drei Hallen entsprechen drei Themenfelder, in denen die vielen großen und zahllosen kleineren Objekte des Deutschen Museums präsentiert werden:

Halle 1 befasst sich mit dem Stadtverkehr: Auf der Basis einer Schausammlung von Kutschen, Fahrrädern, Stadtautos, Taxis, Bussen, Straßen- und U-Bahnen sowie vertiefenden Themeninseln werden die Geschichte und Entwicklung des Verkehrs in Ballungsräumen dargestellt.

Halle 2 ist dem Reisen gewidmet: Entlang des Museumsbahnsteigs mit mehreren Zügen und auf der umlaufenden »Fernstraße« mit Kutschen, Touren- und Campingwagen, Reisebus, Motorrädern und Fahrrädern wird gezeigt, wie sich mit der Entstehung neuer Reiseverkehrsmittel und Infrastrukturen auch spezielle Reisekulturen ausbildeten.

Halle 3 mit dem Titel »Mobilität und Technik« schließlich thematisiert die körperliche und technische Dimension von Mobilität. Der Rennsport ist hier ebenso Gegenstand wie die Meilensteine der Verkehrstechnik oder die physikalischen Grundlagen des Fahrens.

Die Gestaltung des Museums greift nach Möglichkeit Themenbezüge in besonderen Exponatzusammenstellungen und angedeuteten Szenarien auf. Ein verkehrsreicher Platz der ausgehenden 50er Jahre und der Infrastrukturkubus in Halle 1, der Museumsbahnsteig, die Inszenierung einer historischen Tankstelle und eines Reisebüroschalters in Halle 2, Rennkurve und Bewegungsfigurinen in Halle 3 – dies alles sind Beispiele für den gestalterischen Ansatz, durch besondere Arrangements Inhalte zu visualisieren.

Mittelpunkt der Ausstellung bleiben gleichwohl die Exponate. Bewusst zurückhaltend wird im Verkehrszentrum daher mit Medieninstallationen umgegangen. Sie werden dort eingesetzt, wo sie Verkehr zum Leben erwecken und komplexe Sachverhalte anschaulicher machen können oder auch einen Blick in die Arbeit der Forscher und Verkehrsplaner gestatten. *bg*

Entwurfskizze für den »Infrastrukturkubus«
in der Halle »Stadtverkehr«.

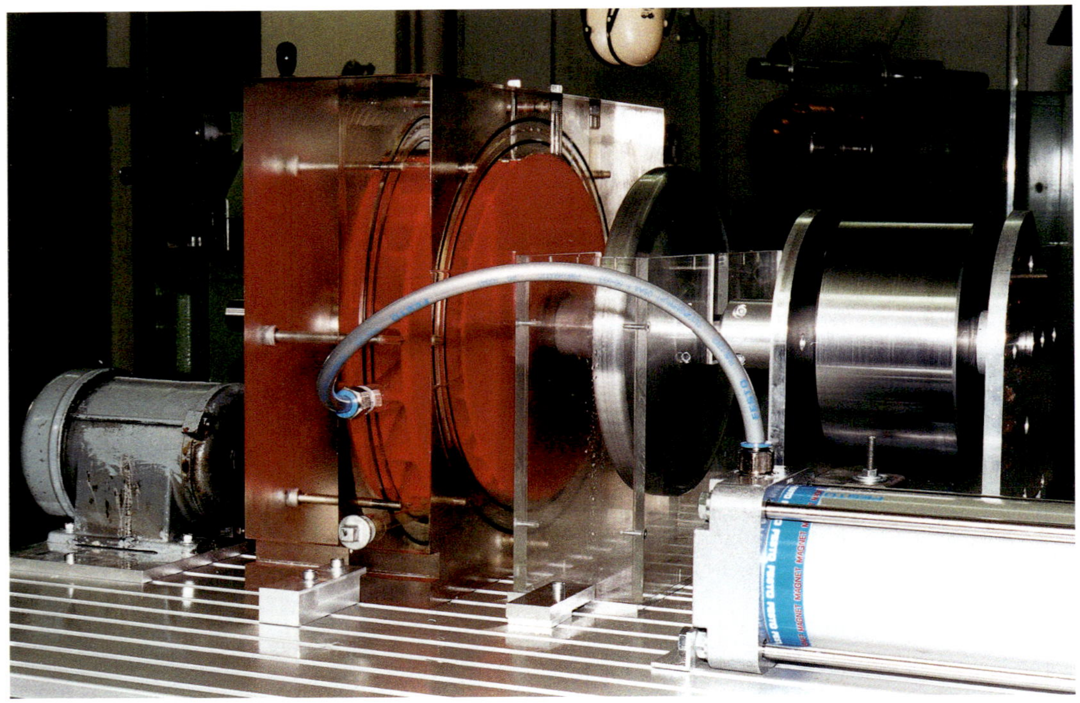

Technik zum Anfassen: Die Demonstration aus den hauseigenen Werkstätten zeigt, wie eine Viskosekupplung funktioniert.

Kinder im Museum: Ein Schauspieler erzählt Kindern Geschichten zu Objekten.

Aus der Bewegungsstudie wird in der Bildhauerwerkstatt eine Figurine für die Ausstellungseinheit »Lust an der Bewegung«.

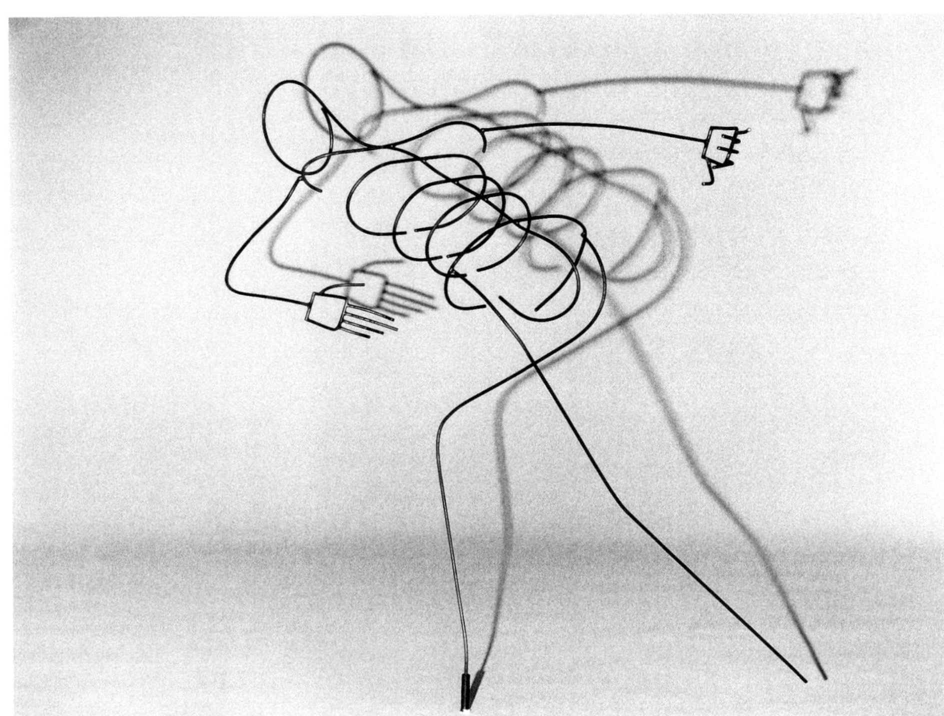

Deutsches Museum Bonn

»Ich freue mich darüber, dass dieses einzigartige Museum auch in den kommenden Jahren seine Tore für die Besucher geöffnet halten kann.«

Bundespräsident Johannes Rau

Ein prall gefüllter Luftsack, der Leben rettet? Eine Plastikhülse, die jede Schraube in der Wand hält? Ein Gefängnis für Atome? Eine Uhr, die in einer Million Jahren weniger als eine Sekunde nachgeht? Das Deutsche Museum Bonn stellt sie aus: Airbag, Fischer-Dübel, Ionenkäfig und Atomuhr.

Diese und weitere 100 Höhepunkte aus zeitgenössischer Forschung und Technik, darunter neun mit dem Nobelpreis ausgezeichnete Exponate, gibt es seit 1995 hier zu sehen. Der Stifterverband für die Deutsche Wissenschaft initiierte die Dependance des Deutschen Museums in seinem Wissenschaftszentrum.

Das kleine, aber feine Museum geht mit dem Motto »im Gespräch mit Wissenschaft und Technik« auf Erfolgskurs. Das Rezept ist eine gute Mischung: ein vielseitiges Programm – Ausstellungen wie »nobel! – 100 Jahre Nobelpreis«, Gesprächsrunden mit Fernsehstar Ranga Yogeshwar, Vorträge, Museumsnächte, Hits for Kids – und ein innovatives Museumskonzept mit dem Ziel, die kulturelle Wechselwirkung von Forschung mit Politik, Wirtschaft und Gesellschaft zu beleuchten. Nicht Fachbereiche, sondern fünf Leitthemen bestimmen die Struktur: Grundlagenforschung (»Elementares«), Technologien im geteilten Deutschland (»EisBrechen«), Ambivalenz von Forschung und Technik (»Zwischen Himmel und Hölle«), interdisziplinäre Wissenschaft (»Grenzgänger«) und anwendungsbezogene Forschung (»Tradition-Vision«). So lässt sich auch die Interaktion zwischen den Fächern darstellen. Im Bereich »Elementares« finden sich Entdeckungen aus Physik und Chemie ebenso wie aus Biologie und Medizin. Dazu gehört aber auch – was viele nicht wissen – die Musik: Auf dem »Mixturtrautonium« schuf der Komponist und Physiker Oskar Sala 1961 die bedrohliche Klangkulisse des Hitchcock-Thrillers »Die Vögel«.

Bei der Vermittlung setzt das Deutsche Museum Bonn auf moderne Medien. Tagesthemensprecher Ulrich Wickert und seine Ex-Kollegin Sabine Christiansen moderieren 15minütige Infotainments: die »TechnikThemen«. Auf

Der Transrapid TR 06 direkt vor dem Eingang ist das Markenzeichen des Deutschen Museums Bonn. In die eigentliche Ausstellung geht es dann hinab in den Keller des Wissenschaftszentrums, wo auf etwa 1200 m² das Museum untergebracht ist.

Deutsches
Museum

»KnopfdruckComputern« erhält der Besucher Informationen über Exponate und lernt komplizierte Techniken verstehen, sei es das Schwebeprinzip des Transrapids oder die Kurvenjagd von Teilchen im ersten europäischen Beschleuniger, dem 500 MeV Elektronensynchrotron der Universität Bonn. Ein Brettspiel veranschaulicht die Wirkung der Antikörper im Kampf gegen die Viren: Der Medizinnobelpreis von Georges Köhler (1984) wird in Form eines interaktiven Experiments erklärt. In »TechnikDialogen« machen Helmut Schmidt, Artur Fischer, Konrad Zuse und andere Persönlichkeiten Zeitgeschichte lebendig. Das Internet-Magazin »Im Dialog« bietet an, per Mausklick ein Loch zu bohren und einen Fischer-S-Dübel zu setzen.

Das motivierte Team des Museums setzte sich zum Ziel, die Faszination moderner Wissenschaft und Technik erlebbar zu machen. Damit avancierte das Haus inzwischen zu einer festen Größe nicht nur in der Bonner Museumslandschaft. *an*

Besuch aus München: In der erfolgreichen Ausstellungsreihe ›Meisterwerke aus dem Deutschen Museum‹ gelangten 1998 und 1999 zahlreiche bedeutende Sammlungsstücke in die Bonner Dependance. Hier zu sehen: der Refraktor von Joseph von Fraunhofer.

Vom ursprünglich geplanten Schwimmbad zum Museum: Der Filmarchitekt Rolf Zehetbauer und Cornelia Ott entwarfen die Innenarchitektur.

Deutsches Museum Bonn

Rastertunnelmikroskop:
Mit Hilfe eines Rastertunnelmikroskops schaffte es Wolfgang Heckl von der Universität München 1993 zum ersten Mal, die vier Bausteine des Lebens – Adenin, Thymin, Guanin, Cytosin – sichtbar zu machen. Um die Nanotechnologie geht es auch in dem Schulprojekt »Mannometer: Nanometer!«.

Mixturtrautonium:
Alfred Hitchcock war begeistert von einem der ersten elektrischen Musikinstrumente, dem Mixturtrautonium. Dessen Erfinder Oskar Sala komponierte darauf die Klangkulisse des Thrillers »Die Vögel« und viele andere Stücke.

Patch-Clamp-Messplatz:
Mit dem Patch-Clamp-Messplatz gelang es zum ersten Mal, die Größe und Dauer des Ionenstroms durch einzelne Kanäle in der Zellmembran zu messen. Für diese Erforschung der Zellkommunikation erhielten Erwin Neher und Bert Sakmann vom Max-Planck-Institut für biophysikalische Chemie in Göttingen 1991 den Nobelpreis für Medizin (Physiologie).

Der Dialog ist das Museumsmotto: »im Gespräch mit Wissenschaft und Technik«. Die Initiative »Wissenschaft im Dialog« wird, wie hier, tagtäglich umgesetzt: Karl-Heinz Althoff von der Universität Bonn erklärt Schülern das 500-MeV-Elektronensynchrotron von Nobelpreisträger Wolfgang Paul.

Die Sonderausstellung »nobel! – 100 Jahre Nobelpreis« ist durch die Kooperation mit der Smithsonian Institution das erste internationale Projekt des Deutschen Museums Bonn. Neben dem Preisstifter Alfred Nobel kommen auch viele Nobelpreisträger zu Wort.

Zentrum Neue Technologien

»[…] ein Verständnis für die Fortschritte in Naturwissenschaft und Technik wirklich zum Gemeingut des ganzen Volkes zu machen.«

Oskar von Miller

Im 2002 eröffneten Besucherlabor kann jeder selbst unter Anleitung Versuche durchführen und die in der Genforschung benutzen Geräte und Methoden kennen lernen. Spielerisch wird der Täter per genetischem Fingerabdruck ermittelt. Im neuen ZNT wird es als »gläsernes Labor« inmitten der Ausstellungen stehen.

Keine Frage – in einer Zeit, in der allerorten von »Public Understanding of Science«, von einem Dialog der Wissenschaft mit der Öffentlichkeit gesprochen wird, ist der alte Bildungsauftrag Oskar von Millers an das Deutsche Museum aktueller denn je. Nun sind Museen eher langsam arbeitende Institutionen des Sammelns und Bewahrens. Sie erscheinen auf den ersten Blick wenig geeignet, der atemberaubenden Dynamik des naturwissenschaftlich-technischen Fortschritts gewachsen zu sein. Auch entziehen sich die neuen Technologien oft der unmittelbaren Anschauung am Objekt. Wo sich die Innovation im Mikroskopischen oder in »eingebetteter« Software geradezu versteckt, genügt die Betrachtung des Originalobjekts nicht mehr, sind neue Medien, »Szenografien«, gefragt, die das Unsichtbare sichtbar und verständlich machen.

Gerade ein technisches Museum muss sich immer wieder neu definieren. Der Auszug des Landverkehrs auf die Theresienhöhe bietet eine solche Chance: Im Herzen der Museumsinsel wird Platz für ein Zentrum Neue Technologien (ZNT), eine Art »Laboratorium« für das ganze Museum und die Aufnahme aktueller, auch kontrovers diskutierter Themen. Es wird um molekulare und digitale Schlüsseltechnologien des 21. Jahrhunderts gehen, und das Museum wird sich neuen Bereichen öffnen, in die das Technische erst in jüngster Zeit ausgreift – wie den Wissenschaften vom Leben und den daraus hervorgehenden Technologien des Lebens oder den Technologien des Wissens. Sie bilden die Triebkräfte für die großen Forschungsthemen unserer Zeit, wie Mensch und Gesundheit oder Erde und Umwelt, denen sich das ZNT in einer Reihe von Ausstellungen und begleitenden Veranstaltungen widmen wird.

Lassen Sie sich also bald überraschen von einem »Neuen Deutschen Museum«, von laufenden und bereits geplanten Expeditionen in das weltumspannende Netz der Klimaforscher, in das molekulare Zwergenreich der Nanotechnologen und Genforscher oder in die Ersatzteilwerkstatt der Mediziner mit Prothesen, Transplantaten und künstlich gezüchteten Organen. Es wird eine Reise quer durch die Disziplinen, kein bloßes Dozieren ex cathedra, sondern ein Raum für Diskussionen, der für Wissenschaft und Technik begeistern soll.

Die Ausstellungsflächen in der alten Eisenbahnhalle werden sich zukünftig um ein zentrales, offenes Forum gruppieren. In einer Zeit, in der Wissenschaft und Technik streitbare Akteure in der öffentlichen Arena geworden sind, genügt das Ausstellen allein nicht mehr.

Das Sammeln von »Meisterwerken« – von der Cray, dem elektronischen Supergehirn, bis zum Hochdurchsatz-Roboter für die Genforschung – wird dabei eine der ureigensten Aufgaben des ZNT bleiben. Originale werden auch im Zeitalter virtueller Realitäten ihre Überraschungen und Aha-Erlebnisse dem bereithalten, der neugierig auf die »echten« Dinge aus den Labors der Forscher und Entwickler ist. In dieser Mischung aus authentischem Objekt und modernem Medium, das alle Register des »In-Szene-Setzens« zieht, wird das Deutsche Museum auch in der Medien- und Wissensgesellschaft des 21. Jahrhunderts eine vitale, unverwechselbare Einrichtung bleiben. *wh*

Vorträge und Diskussionen werden im neuen Forum ebenso möglich sein wie Live-Schaltungen in die Forschungslabors: Der offen gestaltete Veranstaltungsbereich wird in die Ausstellungsräume des ZNT integriert sein (Skizze: Wolfgang Moser).

Kinderreich

»Das Kind staunt. Und verwandelt sein Staunen in eine Geste, ein Fragezeichen: ein geborener Lerner.«

Donata Elschenbroich, »Weltwissen der Siebenjährigen«

Kinder sind Wissenschaftler! Im Spiel erkennen und erobern sie die Welt. Kinder lernen spielend. Sie erforschen alles und wollen alles wissen.

Deshalb widmet das Deutsche Museum seinen kleinsten Besuchern eine neue attraktive und interaktive Ausstellung: das Kinderreich. Hier können alle nach Herzenslust die großen und kleinen Wunder der Technik erkunden und den Phänomenen der Naturwissenschaft auf den Grund gehen.

In den Sektionen
»Draußen ist die Welt!« – Natur, Welt, Wasser
»ich und du« – Kommunikation
»stark und schnell« – Kraft, Bewegung, Energie
»hell und dunkel« – Licht, Optik, Astronomie
»laut und leise« – Schall, Akustik und Musik
wird alles erklärt, was große Menschen entdeckt haben und kleine Menschen wissen müssen.
Denn wer viel weiß, hat mehr vom Leben.
Die Eröffnung ist für Anfang 2003 vorgesehen.

cg

Jährlich zählt das Deutsche Museum fast 30.000 Kinder unter sechs Jahren zu seinen Besuchern. Vor allem für Vorschulkinder wird eine neue Abteilung eröffnet: Aus bisher saisonalen Aktionen an Ostern oder Weihnachten entsteht ein permanentes Angebot.

Spielerisch die Welt erkunden – das Kinderreich lädt ein, im Entdecken, Staunen und Probieren Themen aus der Mechanik, Optik oder Musik zu erforschen. Mit dieser Abteilung folgt das Deutsche Museum auf seine Weise dem Beispiel großer europäischer naturwissenschaftlicher Museen.

Zeittafel

1903 1. Mai Erstes Rundschreiben Oskar von Millers an Münchner Industrielle und Wissenschaftler mit dem Vorschlag der Museumsgründung
5. Mai Erste Sitzung des provisorischen Komitees
28. Juni Gründungssitzung des Vereins »Museum von Meisterwerken der Wissenschaft und Technik« während der Jahreshauptversammlung des Vereins Deutscher Ingenieure in München

1906 12. November Eröffnung der provisorischen Sammlungen im Alten Nationalmuseum
13. November Grundsteinlegung des Neubaus auf der Kohleninsel durch Kaiser Wilhelm II.

1909 1. Januar Eröffnung der provisorischen Sammlungen in der ehemaligen »Schwere-Reiter-Kaserne«
14. Januar Baubeginn für das Sammlungsgebäude unter der Leitung des Münchner Achitekten Gabriel von Seidl

1911 5. Oktober Richtfest

1925 7. Mai Eröffnung des Museumsbaus am 70. Geburtstag Oskar von Millers

1928 Baubeginn des Studienbaus (Bibliothek und Kongress-Saal) unter dem Architekten German Bestelmeyer

1932 7. Mai Eröffnung der Bibliothek

1934 9. April Oskar von Miller stirbt 79-jährig in München

1935 7. Mai Eröffnung des Kongress-Saals

1937 7. Mai Einweihung der Autohalle

1944/45 Teilweise Zerstörung des Museums durch Fliegerbomben

1945 November Die Bibliothek des Deutschen Museums öffnet wieder

1946 Januar Wiedereröffnung des Kongress-Saals

1947 Erste Sonderschau nach dem Krieg: 50 Jahre Dieselmotor

1963 1. Juli Gründung des Forschungsinstitutes des Deutschen Museums für die Geschichte der Naturwissenschaften und der Technik

1973 Besucherzahl erstmals über der Millionengrenze

1976 25. November Gründung des Kerschensteiner Kollegs

1978–1984 7. Mai Bau der Luft- und Raumfahrthalle

1992 12. September Eröffnung des Zweigmuseums Flugwerft Schleißheim
5. November Eröffnung des Forums der Technik im ehemaligen Kongress-Saal

1995 3. November Eröffnung des Zweigmuseums Deutsches Museum Bonn

1996 23. Mai Regierungserklärung des bayerischen Ministerpäsidenten: Übertragung der denkmalgeschützten Messehallen auf der Theresienhöhe an das Deutsche Museum

1997 5. Dezember Gründung des Münchner Zentrums für Wissenschafts- und Technikgeschichte

1998 Erste Baumaßnahmen für das Zweigmuseum Verkehrszentrum auf der Theresienhöhe
Wiedereröffnung der Ausstellung »Brücken- und Wasserbau«

2000 5. Mai Eröffnung der neuen Ausstellung »Pharmazie«
13. November Gründungsversammlung »Freundes- und Förderkreises Deutsches Museum«

2003 11. Mai Eröffnung der ersten Halle des Zweigmuseums »Deutsches Museum.Verkehrszentrum«
Eröffnung des »Kinderreiches«

Literatur

Becker, Franz Josef E. / Füssl-Gutmann, Christine / Teichmann Jürgen (Hg.): Lernen, Erleben, Bilden im Deutschen Museum – Naturwissenschaft und Technik für Studiengruppen. Public Understanding of Science: Theorie und Praxis. Band 3, München 2001

Bud, Robert / Finn, Bernard / Trischler, Helmuth (Hg.): Manifesting Medicine: Bodies and Machines (Artefacts: Studies in the History of Science and Technology, Band 1), München 2000

Bud, Robert / Finn, Bernard / Trischler, Helmuth (Hg.): Exposing Electronics (Artefacts: Studies in the History of Science and Technology, Band 2), München 2000

Chronik des Deutschen Museums 1903–1925, München 1927

Deutsches Museum von Meisterwerken der Naturwissenschaft und Technik. Bibliothekskatalog, Leipzig 1907

Deutsches Museum – Bildarchiv. Register zur Microfiche-Edition. Herausgegeben vom Deutschen Museum München, bearbeitet von Wilhelm Füßl und Christiane Hennet, München 1997

Dienel, Hans-Liudger: Technische Tips aus der Schublade der Geschichte. Die Plansammlung des Deutschen Museums, in: Wissenschaftliches Jahrbuch des Deutschen Museums 1990, München 1991, S. 20–32

Dienel, Hans-Liudger: Die ideologische Botschaft des Deutschen Museums 1903–1945, in: Ideologie der Objekte – Objekte der Ideologie. Naturwissenschaft, Medizin und Technik in Museen des 20. Jahrhunderts, Kassel 1991, S. 105–113

Dyck, Walter von: Wege und Ziele des Deutschen Museums, in: Deutsches Museum, Abhandlungen und Berichte 1, H.1, München 1929

Fingerle, Karlheinz: Fragen an die Museumsdidaktik am Beispiel des Deutschen Museums. Vortrag am 11. März 1985 anlässlich der Arbeitstagung der Kommission Schulpädagogik, Didaktik der Deutschen Gesellschaft für Erziehungswissenschaft in Zusammenarbeit mit dem Kerschensteiner Kolleg des Deutschen Museums, 4., durchgesehene Auflage, München 1992

Folkerts, Menso (Hg.): Gemeinschaft der Forschungsinstitute für Naturwissenschaft- und Technikgeschichte am Deutschen Museum, 1963–1988, München 1988

Frieß, Peter: Das Museum: Medium im Netz der Medien, in: Weitze, Marc-Denis: PUS im deutschsprachigen Raum: Die Rolle der Museen (Public Understanding of Science: Theorie und Praxis, Band 1), München 2001

Frieß, Peter: Deutsches Museum Bonn: ein Museum für zeitgenössische Forschung und Technik, in: Baumgärtner, Ulrich / Schreiber, Waltraud (Hg.): Museumskonzeptionen – Präsentationsformen und Lernmöglichkeiten (Münchener Geschichtsdidaktisches Kolloquium, Heft 2), München 1999

Frieß, Peter / Steiner, Peter M.: Deutsches Museum Bonn – Forschung und Technik in Deutschland nach 1945. Fotografiert von Hans-Joachim Becker, München 1995

Forschungsbericht 1994–1997. Ausstellungen / Sammlungen – Archiv – Bibliothek – Forschungsinstitut – Kerschensteiner Kolleg, nicht veröffentlicht (Archiv des Deutschen Museums)

Füßl, Wilhelm / Mayring, Eva A.: Eine Schatzkammer stellt sich vor. Das Archiv des Deutschen Museums zu Naturwissenschaft und Technik, München 1994

Graf, Berhard / Treinen, Heiner: Besucher im Technischen Museum. Zum Besucherverhalten im Deutschen Museum München (Berliner Schriften zur Museumskunde, Bd. 4), Berlin 1983

Hlava, Zdenka: Kleine Zeitgeschichte, gesehen von der Museumsinsel in der Isar, in: Kultur & Technik 5, H. 1/2, München 1984, S. 9–98

Klemm, Friedrich: Die Bibliothek des Deutschen Museums, München 1960

Knerr, Günter / Konietzny, Friedel / Rohrbach, Kurt: Das Münchener Modell. Fortbildung von Vorführern und Aufsehern im Deutschen Museum. München 1999

Kuntz, Andreas: Das Museum als Volksbildungsstätte. Museumskonzeptionen in der deutschen Volksbildungsbewegung 1871–1918, Marburg 1980

Lindqvist, Svante: An Olympic Stadium of Technology: Deutsches Museum and Sweden's Tekniska Museet, in: Schroeder-Gudehus, Brigitte (Hg.): Industrial Society and its Museums 1890–1990, Paris 1992, S. 37–55

Matschoß, Conrad (Hg.): Deutsches Museum. Geschichte, Aufgaben, Ziele, Berlin 1925

Miller, Oskar von: Technische Museen als Stätten der Volksbelehrung, in: Deutsches Museum. Abhandlungen und Berichte 1, H. 5, München 1929

Osietzki, Maria: Die Gründungsgeschichte des Deutschen Museums von Meisterwerken der Naturwissenschaft und Technik in München 1903–1906, in: Technikgeschichte 52 (1985), S. 49–57

Panofsky, Walter: Deutsches Museum München: Bilder und Impressionen von einem Rundgang durch die Sammlungen, München 1960

Spickernagel, Ellen / Walbe, Brigitte (Hg.): Das Museum. Lernort contra Musentempel, Gießen 1976, S. 32–35

Stange, Albert: Das Deutsche Museum. Historische Skizze, München, Berlin 1906

Wegener, Andrea: Das Unsichtbare sichtbar machen. Die neue Ausstellung »Pharmazie« im Deutschen Museum, in: Weitze, Marc-Denis: PUS im deutschsprachigen Raum: Die Rolle der Museen (Public Understanding of Science: Theorie und Praxis. Band 1), München 2001

Weinreich, Hermann: Ratschläge für Schülerfahrten zum Deutschen Museum in München, München 1925

Der Wiederaufbau des Deutschen Museums, München 1953

Zenneck, Jonathan (Hg.): Fünfzig Jahre Deutsches Museum in München. Chronik, München 1953

Museumsführer

Ausstellungsführer Deutsch, München 1997

Deutsches Museum von A bis Z. Ein lustiger Bilderplan, für Kinder und Jugendliche, München 1992

Frieß, Peter / Witzgall, Susanne (Hg.) / Becker, Hans-Joachim (Fotos): Meisterwerke aus dem Deutschen Museum, München 1997

Mayr, Otto (Hg.): Deutsches Museum von Meisterwerken der Naturwissenschaft und Technik, München 1990

Meisterwerke aus dem Deutschen Museum II, herausgegeben vom Deutschen Museum, München 1999

Meisterwerke aus dem Deutschen Museum III, herausgegeben vom Deutschen Museum, München 2000

Meisterwerke aus dem Deutschen Museum IV, herausgegeben vom Deutschen Museum, München 2002

Museum für Luft- und Raumfahrt. Ein Führer durch die Geschichte und die Sammlung der Flugwerft Schleißheim, München 1994

Abteilungsführer

Bauer, Friedrich L.: Mathematisches Kabinett. Einladung zur Mathematik. Führer durch die Ausstellung, München 1999

Benz-Zauner, Margareta / Müller-Beck, Hansjürgen / Züchner, Christian: Altamira. Höhlenmalerei der Steinzeit, München 1995

Die Brücke im Raum. Die Besucherbrücke im Deutschen Museum, München 1999

Bühler, Dirk: Brückenbau, München 2000

Eckermann, Erik: Automobile. Technikgeschichte im Deutschen Museum, München 1989

Glocker, Winfrid: Glastechnik. Technikgeschichte im Deutschen Museum, München 1992

Hartl, Gerhard / Märker, Karl / Teichmann, Jürgen / Wolfschmidt, Gudrun: Planeten – Sterne – Welteninseln. Astronomie im Deutschen Museum, München 1999

Henkel, Hubert: Musikinstrumente. Ein Begleitbuch zur Ausstellung mit Mini-CD, München 1998
Opizzo, Yves / Petzold, Hartmut / Tobin, Christian: Sonnenuhrengarten. Führer durch die Ausstellung, München 1999
Pharmazie. Die Ausstellung im Deutschen Museum, München 2000
Schuster, Beate: Neun Planeten und eine Sonne. Planetenweg vom Deutschen Museum zum Tierpark, München 1995
Schletzbaum, Ludwig: Eisenbahn. Technikgeschichte im Deutschen Museum, München 1990
Weinhart, Karl (Hg.): Mikroelektronik. Führer durch die Ausstellung, München 1992
Weinhart, Karl (Hg.:) Informatik. Führer durch die Ausstellung, 2. Auflage, München1997

zu Oskar von Miller

Alexander, Edward P.: Oskar von Miller and the Deutsches Museum. The Museum of Science and Technology, München 1983
Kristl, Wilhelm L.: Der weißblaue Despot, München 1965
Miller, Walther von: Oskar von Miller. Nach eigenen Aufzeichnungen, Reden und Briefen, München 1932
Miller, Walther von: Oskar von Miller – Pionier der Energiewirtschaft – Gründer des Deutschen Museums, 2. Auflage, durchgesehen und bearbeitet von Hans Joachim Störig, München 1955
Nockher, Ludwig: Oskar von Miller. Der Gründer des Deutschen Museums von Meisterwerken der Naturwissenschaft und Technik, Stuttgart 1953
Pförtner, Rudolf: Oskar von Miller, Düsseldorf 1987

Zeitschiften und Periodika des Deutschen Museums

Deutsches Museum, Abhandlungen und Berichte, 1929 ff.
Kultur & Technik. Zeitschrift des Deutschen Museums, 1977 ff.
Kulturgeschichte der Naturwissenschaften und der Technik (Buchreihe seit Mai 1981)
Vorträge und Berichte aus dem Deutschen Museum, 1906–1928
Wissenschaftliches Jahrbuch des Deutschen Museums, 1989–1993

CD-ROMs

Deutsches Museum offline. Die Internetseiten des Deutschen Museums auf CD-ROM, München 1998
Deutsches Museum. Flugwerft Schleißheim. Multimedia CD-ROM für Apple und Windows, München 1999

Personen-, Sach- und Ortsregister

Kursive Ziffern verweisen auf Abbildungen

Register

Die Abbildungen auf dem Umschlag zeigen:

Gleiter von Otto Lilienthal, 1894
Siliziumscheibe mit 1-Megabit-Chips, 1987
Erster Dieselmotor von Rudolf Diesel, 1897
Helios-Raumsonde, 1976
Erste elektrische Lokomotive von Werner von Siemens, 1879
Doppelhelix der Desoxyribonukleinsäure (DNS)
Propeller des »U 1«, 1906

Alle Bilder: Deutsches Museum
Gestaltung des Umschlags: Atelier 59, München

Bildnachweis

Anton Brandl, München 26/27, 28–37, 58–67, 80/81, 84, 85, 92, 93, 105, 106/07, 115 unten links, 146/147, 157 oben, 160, 164/165, 167, 170/171, 185, 193, 204/205, 212/213, 237, 254, 260/261, 272, 273
Klaus Brenninger, München 88
Silvi Buchenberg, München 290
Dirk Bühler, München 246
Fotoatelier und Bildstelle des Deutschen Museums 9, 12/13, 14–25, 39–57, 68-79, 82, 83, 86, 87, 89–91, 95–104, 106, 108–135, 137–145, 148–156, 157–159, 160/161–164, 166, 168–170, 172–184, 186–192, 194–204, 206–211, 214–235, 238–245, 247–250, 252/253–259, 261–264, 265–271, 274–278, 280, 282/283, 286, 292
Ralph Jank, München 136
Matthias Knopp, München 264 unten
Atelier Markgraf, Frankfurt 297
Johannes E. Moser, München 289
Jürgen Querbach 285
Rhätische Bahn, Chur 53 oben, 278 unten
Christian Rössel 287 unten
Syncom GmbH, Düsseldorf 287 oben
Carl Zeiss, Oberkochen 101 links unten